# Würde

Zu den Steiner-Zitatangaben in den Flensburger Heften: Die GA-Nummern beziehen sich auf die jeweilige Bibliographie-Nummer der Rudolf Steiner Gesamtausgabe im Rudolf Steiner Verlag, Dornach/Schweiz. Danach sind in der Regel das Erscheinungsjahr der benutzten Ausgabe, das Vortragsdatum bzw. Kapitel und die Seitenzahl angegeben, von der Autor-, Titel- und Ortsnennung wird abgesehen. Nach Bibliographie-Nummern geordnet ist die Rudolf Steiner Gesamtausgabe im Katalog des Rudolf Steiner Verlags aufgeführt. Der Katalog ist durch den Buchhandel erhältlich.

# Aus dem Inhalt

die Unantastbarkeit der menschlichen Würde. Da diese Idee aber auch sehr abstrakt ist, sind nicht alle Grundrechte gleichermaßen unantastbar, wie man z.B. bei der faktischen Abschaffung des Asylrechts 1992/93 erlebte. Wagner wünscht sich ein Umbesinnen Deutschlands in der Migrations- und Flüchtlingspolitik – zurück zum ersten Satz des Grundgesetzes.

verkommt durch das materialistische Denken immer mehr zur Phrase, wenn
wir ihn nicht mit Inhalt füllen.

# Liebe Leserinnen und Leser!

Nach Artikel 1 Absatz 1 des deutschen Grundgesetzes ist die Würde des Menschen unantastbar und wird als unveränderliches Grundrecht des Menschen angesehen. Die Würde ist unmittelbar geltendes Recht, nicht nur eine Absichtserklärung, sondern oberste Leitlinie, eigentlich der Ursprung allen Rechts.

Aber was ist eigentlich die Würde des Menschen?

Erst kürzlich sprach das oberste deutsche Gericht in einem Urteil auch Verbrechern diese Würde zu. Sie selbst hatten die Würde ihrer Opfer mißachtet, trotzdem sprach das Gericht auch ihnen diese „unantastbare Würde" zu. Denn wenn man die Würde des Täters nicht achte, handle man wie er. – Ein zuerst schwer verdauliches Urteil. Aber es zeigt auch, wie wichtig es ist, sich dieser Würde immer wieder bewußt zu werden und sie immer wieder zu schützen.

In diesem FLENSBURGER HEFT versuchen wir zu ergründen, was die Würde des Menschen überhaupt ist – aus philosophischer, religiöser, künstlerischer und politischer Sicht. Gleichzeitig schauen wir aber auch darauf, wie diese Würde heutzutage massenhaft verletzt wird – z.B. in unserem Umgang mit Billiglöhnern und Flüchtlingen vor unserer Haustür. Oder wir betrachten, wie sich der amerikanische Staat das Recht nimmt, mit seinen Abhörmaßnahmen die Würde aller Menschen massenhaft zu verletzen.

Selbstverständlich können wir dieses große Thema nicht von allen Facetten beleuchten. Trotzdem haben wir diesen Versuch unternommen, und er zeigt uns: Jeder Mensch hat diese unantastbare Würde, und wir sollten jeden Tag aufs neue würdevoll damit umgehen.

Es grüßt Sie
Ihre FLENSBURGER HEFTE – Redaktion

# Die Würde im Kommunikationszeitalter

Artikel von Andreas Laudert

## 1

Wenn man vor ungefähr zehn Jahren über Würde schrieb, konnte man viele Zeitsymptome noch unberücksichtigt lassen, die heute in immer stärkerer Weise unser soziales Leben bestimmen. Im digitalen Zeitalter von Facebook und Twitter, von E-Book und Autonavigator, von NSA und Drohnenkrieg – um Schlagworte aus den verschiedensten Lebensbereichen zu nennen – gerät die Würde auf ein ganz neues Spannungsfeld.

Wie kann die Würde unantastbar bleiben, wenn unsere Welt fast nur noch aus Tasten besteht? Wenn man per Touchpad Wirkungen in der virtuellen und damit auch realen Welt erzielen kann, die sich nicht mehr steuern lassen, die uns die Freiheit nehmen, mit denen wir Schicksal spielen können?

Um es zunächst anhand eines von vielen Beispielen zu illustrieren: Der vor einiger Zeit durch die Medien gegangene Suizid der 15jährigen Amanda Todd wurde öffentlich von ihr vollzogen, im Netz, aus Verzweiflung über die Verfolgungen, denen sie dort ausgesetzt war und für die es bereits einen Fachbegriff gibt: Cybermobbing. An diesem sinnlosen Tod irritierte fast am meisten, wie danach die Gedenkseite der Verstorbenen gelobt und *geliked* wurde. Die Masse votierte: Es wäre „positiv", wenn dieser Mensch „noch da" wäre. Das gefiel genau 83.878 Nutzern. – Nicht nur die Würde der Verstorbenen, auch die Würde des Todes, die Würde des Erinnerns wird hier berührt.

Wieviel Selbstdarstellung und Selbstpreisgabe verträgt die eigene Persönlichkeit? Was macht der Einfluß der Maschinen mit unserem Selbstwertgefühl, und welche andere Art von Würde wird aber vielleicht durch die neuen Möglichkeiten erst real? Inwiefern realisieren wir, daß wir auf bisher ungekannte Weise unsere Menschenwürde zu verlieren drohen, und inwiefern realisieren – also verwirklichen, schaffen – wir als Reaktion darauf gemeinsam eine neue Dimension und Gestalt, eine neue Wahrnehmungsmöglichkeit der Würde?

Das Internet ist für viele Bürger ein dem Analogen gleichwertiger Lebensraum geworden, und es nimmt nicht wunder, daß gerade das

Rechtsleben, dessen Schriften und Gesetze sich bislang nur auf den nicht-virtuellen Raum bezogen, dabei an eine Grenze gerät – etwa hinsichtlich des Urheberrechts. Eine neue, erweiterte Definition von Recht wird nötig, eine Debatte über das Wesen geistigen Eigentums, geistiger Würde. Diese Debatte tangiert die Frage nach dem Selbstwertgefühl des Subjekts heute.

Zwar nutzen wir die Technik gerade dafür, unseren Selbstwert zu steigern, um uns mittels der zusätzlichen digitalen Optionen besser verkaufen und auf dem Markt der Kreativität präsentieren zu können. Aber kann es nicht auch sein, daß parallel das „natürliche" humane Selbstwertgefühl kontinuierlich sinkt, wenn man im Alltag von Maschinen und Wesen umgeben ist, die uns unentwegt signalisieren, was sie alles besser können als wir? Das mag sich im Unterbewußtsein abspielen – es würde indes erklären, warum wir um so ausgiebiger wieder über allgemein-menschliche Werte diskutieren, warum gerade selbstloses Handeln für viele immer wichtiger wird und warum sich so törichte Worte wie „Gutmensch" herausbilden konnten. Freilich wirken diese Debatten oft hilflos, sie drehen sich im Kreis oder münden doch wieder nur in Gesetze traditioneller Art, und sie führen – oft nachvollziehbarerweise – bei manchen Zeitgenossen zu Allergien gegen einen darin angeblich verborgenen „Tugendterror".

Etwas geschieht da, im Bereich unseres Innersten, etwas verändert sich im Kern unseres Selbst-Verständnisses. Uralte Gesten bekommen neue Bedeutungen, werden Chiffren für anderes.

Das geneigte Haupt drückte früher das Bewußtsein der eigenen Unwürdigkeit und Ohnmacht aus – beim schuldbewußten Delinquenten vor der Hinrichtung wie beim Gottesdienstteilnehmer vor dem Segen. Wie mögen wir höheren Wesen heute erscheinen, würden sie uns im Alltag von oben beobachten und schauen, wie wir durch die Straßen gehen, auf Plätzen warten, sogar in Gemeinschaft: über das Smartphone gebeugt, süchtig nach Mitteilungen, Machthaber über Sendungen und Botschaften, Empfänger, die in diesem Moment kaum mehr empfänglich sind für das, was um sie herum geschieht. Geneigte Menschen als leerer Anblick, als das Gegenüber abstoßende, ausblendende Geste. Was in der Vergangenheit ein Bild meditativer Versenkung war, wo uns Engel als Boten begegneten, erscheint nunmehr als Versunkensein in Geräte. Wir geraten uns selbst in Vergessenheit. Weder die Eisenbahn hat uns derart umgeprägt noch das Automobil und nicht einmal das Telefon – als seien das alles nur Testläufe gewesen. Die Computer machen uns auf eine Weise häßlich und gleichförmig, die es vorher nicht gab, weil ihnen eine andere Schönheit und Eleganz eigen ist, der wir uns nicht entziehen können: die Eleganz des Praktischen. Prioritäten verschieben sich. Warum sind immer mehr Autos grau, silbern oder schwarz? Diese Farben sieht man am häufigsten auf den Straßen und Parkplätzen. In den Schnellzügen kann man schon lange die Fenster nicht mehr öffnen. Die Computer erobern nach und nach *all diese früheren Erfindungen*, sie bemächtigen sich ihrer – das ist der „Sprung", das Neue. Autos, Züge, Telefone *werden* zu Computern. Diese Maßlosigkeit der Computer ist sozial häßlich, sie hat etwas Würdeloses.

Die Protagonisten der digitalen Revolution haben jenen Makel längst erkannt und tüfteln am nächsten Schritt: dem Einswerden von Computer und Mensch. Daran kann kein Zweifel bestehen. Dann werden wir, gleichsam eurythmisch, mit einer bloßen „Luftgebärde" unserer Hände oder nur mit einem unmerklichen Wimpernschlag jene Wirkungen erzeugen, die unser Finger früher durch das Drücken eines Knopfes oder das Berühren eines Displays hervorgerufen hat. Die Würde ist dann weder unantastbar noch antastbar – sie ist dann ortlos, nicht mehr am Menschen lokalisierbar, sie verduftet, verflüchtigt sich: heiße Luft, wolkige Beschwörung. Sie ist in der *cloud*. Die Würde vergeistigt: sie ist nicht mehr mit dem Corpus, dem biographischen Menschen verbunden, sondern wird sich als geistiger Widerstand neu gebären müssen.

Jenseits von plakativer Kulturkritik, um die es hier keineswegs geht: Dies ist ein wahrscheinliches Zukunftsszenario. Politische Beschwichtigungen wie *„Nicht alles, was technisch machbar ist, darf auch umgesetzt werden"*, die man von der Reproduktionsmedizin kennt, sind in dem Zusammenhang Phrasen, die schnell verhallen.

In diesem Beitrag wird versucht, eine andere Blickrichtung einzunehmen und zu einem Blickwechsel zumindest anzuregen: Nicht alles, was umgesetzt werden kann, muß *technisch* umgesetzt werden.

Dabei geht es im folgenden zunächst um die Dimension und den kulturellen Horizont des Christlichen, um die Sphäre des Lebendigen, in der die Qualität jenes Menschheitswesens Christus heute wirkt – in Abgrenzung zum Bereich des Tierhaften, wo in den letzten Jahren Symptome aufgetreten sind, die gegen Ende zumindest kurz befragt werden sollen.

Dreh- und Angelpunkt für das Thema der Würde ist bei alledem das Ich.

**2**

Was kann Würde im Kommunikationszeitalter und angesichts der Phänomene, die damit einhergehen, bedeuten? Betrachten wir die gewissermaßen spirituellen Implikationen des Internets. Es steht für die Verbindung aller Menschen, es repräsentiert „Menschheit" als geistigen Raum. Es steht – idealerweise – für einen hierarchiefreien Austausch von Gedanken, Fähigkeiten, Bedürfnissen.

Wo jedoch die einen die gelebte oder geforderte Transparenz als überfälligen Fortschritt feiern, warnen Kritiker vor einer überfallartigen Gleichschaltung. Aber sind dies die einzigen Alternativen?

Es geht vielmehr darum, daß wir bestimmte Qualitäten, die zunächst noch am digitalen Vollzug hängen, uns *geistig-seelisch* „einverleiben", daß wir sie auch anders entwickeln und umsetzen als nur über Gerätschaften und daß wir die Erfahrung eines geistigen Kommunizierens – also der Zelebration von „Kommunion" – integrieren in unsere Lebenswirklichkeit, in die Biographie, ohne dabei wiederum doch nur bestimmte Hilfsmittel zu brauchen.

Zu den „Hilfsmitteln", um Kommunion zu erleben, gehören auch die traditionellen Kirchen. Das macht ja die Menschengeschichte überall aus: daß etwas spirituell in der Luft liegt, aber sich historisch zunächst in bestimmten Errungenschaften inkarniert – und sich dokumentiert in Bekenntnissen und Formen. Diese bilden erst die Avantgarde, dann eine Mode oder einen Trend und am Ende eine Tradition aus, einen Habitus, eine Gewohnheit, die uns unmerklich „eingemeindet" – wenn nicht das Neue, der Geist, sich radikal individualisiert und so frei wird, daß er wie in der Fabel von Hase und Igel einfach grundsätzlich schneller und zukünftiger ist als die Materie. Darüber entscheidet nicht die Tagesform. Wo die Maschinen uns zivilisatorisch hinführen, war der Mensch bewußtseinsgeschichtlich schon längst. Nur holt das Bewußtsein normalerweise immer erst nach, was wir gelebt haben – während in Zukunft Leben und Bewußtsein immer mehr zusammenfallen, das heißt: während Gedanken- und Erkenntnisprozesse augenblicklich Leben hervorbringen, Lebensfolgen haben. Die Neurologie und deren entwicklungstheoretische Implikationen spiegeln und repräsentieren diese neuen Fähigkeiten – aber nur reproduzierend, nicht real schöpferisch. Moralische Fertigkeiten, mit der Technik umzugehen, kann nur der einzelne entwickeln.

Der Mensch geht von einem Ziel aus, das – so der Prolog des Johannesevangeliums – schon im Urbeginn verborgen war: die Logos-Qualität. Im Urbeginn war beides: das Bewußtseins-Licht und das

Leben des Menschen. Er erinnert sich dieses ihm eingeschriebenen Zieles, um erneut und für immer *am Start* zu sein. Die Computer kennen die Neustart-Taste, und die ist etwas anderes. Computer können nur Wissen speichern, aber nicht reale Erfahrungen, nicht Qualitäten. Sie haben ein Gedächtnis, aber keine Erinnerung, kein Ich. Wenn man beim Googeln das Wort Ich eingibt, erscheinen anthropologische Abhandlungen und Verweise, doch was ich suche: mich selbst, finde ich so nicht.

Algorithmen verstehen kein Wort. Im Wort „ich", das mich mit der Welt verbindet, sofern mir das Ich auch von außen begegnet – denn der andere spricht, wenn er von seinem Ich spricht, dennoch nicht von mir –, lebt die Würde aller Menschen: in diesem Zwischenraum des Dialogs zweier Wesen, die einander weder Medium noch Spiegel sind, sondern Zeugen.

All das, wofür die neuen technischen Möglichkeiten stehen: das Erleben eines Bewußtseins der Menschheit, hat seinen Wert in sich. Problematisch wird es erst, wenn die Hilfsmittel sich zum Selbstzweck aufschwingen, wenn die Wege behaupten, sie seien das Ziel. Schritt für Schritt Konstruiertes ist nicht gleich Erschaffenes, denn jede Schöpfung, die *verwandelt* und nicht nur ersetzt, ist eine aus dem Nichts. Was ich bloß kombiniere, stiftet noch keinen esoterischen Zusammenhang.

Noch einmal: Es geht nicht um Kulturpessimismus, sondern gerade darum, das Virtuelle, das Geistige zu kultivieren – aber es nicht selbst zum Kultus zu machen, es nicht anzubeten.


## 3

Man hat heute darauf zu achten, daß man online nicht unter Wert auftritt, man muß darauf achten, daß man nicht durch die Suchmaschine in unwürdige Kontexte gerät, und man muß sich rechtfertigen, wenn man auf einen würdigen Auftritt im Netz – per Homepage – verzichtet. Man kann also seine Würdigkeit, am Kommunikationszeitalter teilzunehmen, auch dadurch verlieren, daß man (sich) nicht ausreichend kommuniziert. Aber auch Begriffe, Worte, Qualitäten ringen im Netz heute stumm um ihre Würde: das Gefallen etwa, das Suchen und das Finden, das Freundsein, die Heimat. Wie ist es mit der Würde des Lesens im Zeitalter von E-Books? Unternehmen können heute anhand des Leseverhaltens des Käufers bzw. Nutzers rekonstruieren und entsprechend darauf spekulieren, welche Art Lektüre ihm grundsätzlich gefällt und welche „gedanklichen" Vorlieben er hat, was er z.B. anstreicht.

Hier wird nun eine Äußerung des Theaterregisseurs René Pollesch interessant, der nach eigener Auskunft viele theoretische Texte liest und aber sagt, wenn er den Gedanken habe, brauche er das Buch nicht mehr, Literatur werde daher bald vorübergehen.

Wenn also das Material, das Buch als Corpus, als Textkörper oder Gedanken-Transporteur, vergehen darf und das Geistige bleibt – wie ist dann der Austausch zu bewerten, der auf digitalem Wege geschieht? Handelt es sich hier in dem Sinne um Geist, um die Übertragung von Gedanken, oder doch nur um eine verfeinerte, scheinbar leibfreie Form von – immer noch – Materie-Austausch, von „eingegebenen", also eingetippten Zeichen, von sich in Glasfaserkabeln inkarnierenden Daten, also um spirituellen Materialismus?

Die schnelle Entsorgung des Materials, welche die zitierte Äußerung nahelegt, muß nicht besagen, daß auch der Gedanke schnell entsorgt wird. Er lebt ja weiter im Zwischenraum des Dialogs zwischen Ich und Ich – in dem Gespräch, das der Leser eines Buchs oder der Leser eines Blog- oder Twitter-Eintrags mit einem anderen Menschen darüber führt. Auch die Würde des Buchs der Bücher hängt nicht am Dokument. Die Botschaft des Evangeliums ist in der Welt, und nur dort ist sie „gespeichert", ist sie „wiederherstellbar": im Leben des einzelnen. Die christlichen Tatsachen können nicht entwürdigt werden, durch nichts. Es ist nie etwas Geistloseres so geistvoll begründet worden als in jüngerer Zeit die Forderung des Schriftstellers Martin Mosebach, Blasphemie müsse künftig wieder bestraft werden können.

Gefährdet indes ist letztlich die Würde jener Zwischenräume, die Würde der Zeit. Denn im wesentlichen gehen die genannten Entwicklungen einher mit dem Verschwinden des Zeitraums, mit dem Nicht-mehr-nötig-Sein von Wegen, die man zurücklegt, wenn wir Bücher bei Amazon bestellen – anstatt in unscheinbaren, aber kultivierten Buch-Handlungen die Zeit mit einem Buch würdig zu vollbringen, Zeit für es zu opfern. Die Stunden, die wir durch die Online-Bestellung gewinnen, verlieren wir zugleich wieder dadurch, daß wir *mit dem Computer selbst* immer mehr Zeit verbringen, Zeit „verdaddeln".

Eine hypothetische „Würde" des Computerwesens bestünde demnach darin, daß es sich selbst als Durchgangsstadium bejaht, daß es seinen Ermöglichungscharakter bewahrt und nicht Kontrollcharakter annimmt. In dem Maße, wie das Maschinenwesen dies nicht will oder kann, besitzt es offenkundig keine eigene Dignität. Es repräsentiert die „Mensch-heit" nicht als Teil von ihr, um die Erde zu verwandeln, sondern will sie als Ganzes ersetzen. Es ist eine Projektion, ein Selbstzweck, und gehört nur sich selbst. Die Maschine ist im Kern nur ein *Gleichnis*, eine Methode (und Versuchung), wie der Engel ein Gleichnis ist oder das Tier.

Die Qualität des Christlichen, das Wesen des Christus begreift man durch die Zeit, durch Verzichte. Christus ist ein Ermöglicher, der keinen Anspruch darauf erhebt, das Ermöglichte zu besitzen, zu kontrollieren. Echtes Christentum beansprucht kein Urheberrecht auf Christus, er ist nicht dessen geistiges Eigentum. Er erscheint nicht noch einmal, er konservierte sich nicht in fleischlicher Gestalt. *„Ich will euch zu Menschenfischern machen"*, sagte Jesus den ersten Jüngern – eigentümlich genug, welch einfache Leute es waren –, aber sie ließen dafür ihre Netze *liegen*, sie sollten nichts mit sich nehmen, keine Hilfsmittel, nur sich selbst.

## 4

Das Maschinenwesen hat, wie wir sahen, mit dem Übersinnlichen, doch zugleich mit dem Untersinnlichen zu tun, mit der Sphäre des Tieres – wie die Sprache verrät. Im Netz sitzt die Spinne, und lange vor dem Touchpad schoben wir ein Ding mit den Händen auf unserem Schreibtisch hin und her, das wir Maus nannten.

Umfragen zufolge sind den Deutschen Tiere inzwischen wichtiger als Kinder. Haben solche Verschiebungen auch etwas mit dem bisher Dargestellten zu tun? Was empfindet eigentlich das Gruppenwesen der Mäuse – könnte es derlei empfinden – beim Mißbrauch seines Gattungsnamens? Natürlich ist das zunächst eine groteske Frage – aber warum eigentlich?

Was macht es mit dem Begriff, den die Biene von sich selber hat, wenn wir die Drohne fortan mit Kriegshandlungen verbinden? Was macht es mit der Tierheit, wenn ihre Natur transferiert wird auf eine ihm fremde Ebene, egal ob es dabei dämonisiert oder überhöht und vermenschlicht wird? Für manch einen gilt der Mensch nur als höheres Tier und das Tier als wahrer Mensch.

Kann es sein, daß – gefühlt – Angriffe von Tieren auf Menschen in dem Maße zunehmen, wie das Tierwesen sich von uns nicht mehr erkannt fühlt? Und gilt dieser Zusammenhang für die gesamte Natur, also auch im Hinblick auf die Art, wie wir über die Natur *denken*? Was macht es beispielsweise mit dem Wetter, wenn wir uns über es beschweren? Was nicht in seinem Wesen erkannt und entsprechend behandelt wird, ist enttäuscht und wird aggressiv. Frei fühlt sich jedes lebende Wesen in dem Maße, wie es in Übereinstimmung mit seinem Innersten existieren darf, und dann ist es auch frei, zu lieben. Dann nähert sich uns das scheue Reh, dann treibt nicht der aus dem Gleichgewicht geratene Ozean die Haie in die Nähe der Menschen, dann beschützt uns der Hund, statt uns anzufallen.

Die Frage der Würde des Kommunizierens stellt sich natürlich so bei den Tieren nicht, sie verständigen sich ohne Reflexion. Zu dienen ist ihre ureigene Möglichkeit; nur kommt es darauf an, ob dies würdevoll geschieht, im Bewußtsein der Andersartigkeit des uns gegenüberstehenden Wesens.

Auch das Wetter hat seine Würde. Es reagiert nicht auf Knopfdruck. Das Wetter ist das Kleid der Erde. Auch uns würde es kleiden, wenn wir daran glaubten: wir ziehen es an. Ein Baum blüht, weil ich ihn wahrnehme, nicht, weil ich ihn berühre.

Ist also *„die Welt, in die wir gehen"*, wie die Schweizer *Gegenwart* titelte (Nr. 3/2013), eine anti-christliche?

Es hieße, die Muster gerade der Maschine zu übernehmen, würden wir auf diese ernste Frage schematische Antworten geben, würden wir moralische Automatismen abspulen. Es ist *offen*, in welche Welt wir gehen, sie hängt von uns ab.

Die entscheidende Frage ist, ob wir das, was das Internet nur repräsentiert, in unserer Geistesgegenwart vor-leben. Ob wir präsent sind, wenn wir miteinander ein Gespräch führen. Ob uns, wenn wir eine E-Mail schreiben oder eine SMS, die Worte und die Sprache gleichgültig sind oder ob wir Bewußtsein, sprachliche Anmut und Geist hineinschicken, ob wir uns dem Wesen der Sprache und Kommunikation zuneigen, es uns geneigt machen – mit anderen Worten: ob wir würdig kommunizieren, obwohl wir nicht würdig sind oder uns selbst nicht so erscheinen oder wir aus irgendeinem Grund nicht als würdig gelten.

# Jeder Mensch hat einen unendlichen Wert

## Interview mit Dr. Michael Engelhard

von Wolfgang Weirauch

**Michael Engelhard,** *geb. 1936 in Hamburg. 1945 je zweimal in Hamburg und Osnabrück ausgebombt. 1956 Abitur und Aufnahme in die Studienstiftung des Deutschen Volkes, Beginn des Studiums (Germanistik, Romanistik, Anglistik) in Hamburg. 1958 Wechsel zum Jura-Studium. 1958 Jura-Studium an der Universität Lausanne/Schweiz, 1959 Universität München. 1961 Erstes Staatsexamen, 1966 Zweites Staatsexamen und Aufnahme in den Diplomatischen Dienst. 1966– 2001 Auswärtiger Dienst: Zentrale,* Korea, Kamerun (Botschafter), Mailand (Generalkonsul), Chicago (Generalkonsul). Vom 01.01.1985–30.06.1989 Redenschreiber für Bundespräsident Walter Scheel, vom 01.01.1985–31.12.1986 für Bundespräsident Richard von Weizsäcker, vom 01.01.1988–01.11.1991 für Bundesminister Hans-Dietrich Genscher.

*Michael Engelhard ist seit 1961 verheiratet und hat einen Sohn. Buchveröffentlichungen:* Giacomo Leopardi: Gesänge *(1990)*; Michelangelo: Sämtliche Gedichte *(1992)*; Michelangelo: Sämtliche Sonette *(1992)*; Niccolò Forteguerri: Ricciardetto *(1998)*; Alexander S. Puschkin: Gedichte *(1999)*

Jeder Mensch ist nicht nur eine geistige Individualität und göttlichen Ursprungs, sondern er hat etwas ihm absolut Eigenes – die Würde. Jeder Mensch hat Würde, auch wenn er sich unwürdig benimmt. Und diese Würde ist laut der deutschen Verfassung unantastbar. Sie darf nicht eingeschränkt, beschmutzt, genommen werden. Daß diese Unantastbarkeit der Würde des Menschen nach den fürchterlichsten Verbrechen an der Menschheit in die deutsche Verfassung zuvorderst aufgenommen wurde, ist eine wunderbare Errungenschaft. Seitdem ist es sogar verfassungsrechtlich verankert, daß der Mensch kein unwürdiges Geschöpf ist.

Trotzdem hat es die Würde schwer, vollgültig begriffen und gewürdigt zu werden. Denn die Menschen werden fortwährend in ihrer Würde verletzt – durch jedwede Degradierung, durch Folter, Versklavung und Krieg, unmenschliche Arbeitsbedingungen und durch die Verletzung der Privatsphäre.

Im Gespräch mit Michael Engelhard nähern wir uns dieser Wesenheit Würde, dieser nicht immer leicht zu verstehenden Seinsbestimmung jedes Menschen, und beleuchten genauso die Schattenseiten, die Angriffe auf die Unantastbarkeit der Würde des Menschen.

**Wolfgang Weirauch:** Die Würde ist mir ein großes Anliegen...

**Michael Engelhard:** ... mit ihr wird das zentrale Problem der Welt überhaupt angesprochen.

**W.W.:** Der Begriff Würde wurde nicht immer so verstanden wie heute. Heute bezeichnet Würde die Eigenschaft, eine einzigartige Seinsbestimmung zu besitzen. Sie kann einem Lebewesen, einem System von Lebewesen, aber auch einer natürlichen oder menschlichen Schöpfung zugesprochen werden. Wie würdest du aus heutiger Zeitlage heraus Würde definieren?

### Der Mensch hat Würde

**M. Engelhard:** Ich würde das von dir erwähnte Wort Seinsbestimmung in den Mittelpunkt stellen. Würde ist so gesehen kein Recht. Der Mensch hat keineswegs nur Anspruch auf die Würde – er hat sie! Sie ist ihm durch sein Menschsein verliehen worden. Die Menschenwürde ist mit der Tatsache des Menschseins gegeben. Menschenwürde ist ein Faktum. Dem Menschen ist seine Menschenwürde gegeben, und zwar vollständig unabhängig davon, ob er Frau oder Mann, Kind oder Greis, Schwarzer, Gelber oder Weißer ist. Menschenwürde ist mit jedem einzelnen konkreten Menschen gegeben – vom Säugling bis zum letzten Atemzug eines Greises.

Eigentlich aber ist das ein Glaube. Menschenwürde ist eigentlich der Begriff, der an die Stelle Gottes getreten ist. Dieser Begriff hat seinen Ursprung in den monotheistischen Religionen, vor allem im Christentum. Der Mensch ist nach dem Ebenbild Gottes geschaffen, und von daher bezieht er seine Würde. Die Ebenbildlichkeit Gottes spielt keine große Rolle mehr und ist ein theologisches Problem, aber wir müssen die Würde des Menschen mit der gleichen Ehrfurcht behandeln, wie die Menschen früher das Verhältnis zu Gott definiert haben. Die Menschenwürde ist keine Eigenschaft des Menschen, sondern sie bezeichnet seinen mit dem Menschen zugleich geborenen Rang innerhalb der uns zugänglichen Schöpfung.

**W.W.:** Wer mißt heute die Würde zu?

**M. Engelhard:** Die Menschheit oder niemand. Aber in der Menschheit sieht es sehr düster aus; dazu braucht man nur die Zeitung aufzuschlagen. Das ändert aber überhaupt nichts daran, daß der Begriff der Menschenwürde überhaupt nur dann einen Sinn hat, wenn man ihn so wie eben beschrieben definiert.

**W.W.:** Was ist die Würde der Schöpfung?

**M. Engelhard:** Wir Menschen sind die einzigen, die die Schöpfung als Schöpfung erkennen. Die Schöpfung ohne den die Schöpfung erkennenden Menschen ist vollkommen sinnlos. Die Schöpfung kann also nur als ein gewaltiger Zusammenhang alles dessen betrachtet werden, was ist. Und darin sind wir Menschen selbst eingeschlossen. Für meine Begriffe ist die Selbstachtung des Menschen als des Menschen, der Würde hat, untrennbar mit der Würde der Schöpfung verbunden. Das, was ist, ist das, was wir erkennen – auf unserem Planeten wie im gesamten Universum.

Man kann die Würde des Menschen also nur denken, wenn man von dem Wert jedes einzelnen Individuums für die gesamte Menschheit ausgeht. Jeder Mensch ist unendlich wichtig, auch ein Verbrecher.

Ich habe mich mein Leben lang mit großer Kunst beschäftigt und bewundere z.B. die künstlerische Komplexität des Werks von Michelangelo. Aber was ist diese Komplexität im Vergleich zu einem frisch geborenen Zwergmäuslein – mit all seinen wunderbar weisheitsvollen Organen? Dieses gerade geborene Mäuslein ist – wie jedes Wesen – ein so undenkbares Wunder, daß es bis in alle Ewigkeit nicht zu begreifen ist. Was ist dagegen die Sixtinische Kapelle als Wunder gegenüber diesem weisheitsvollen Wunder einer Maus?

Goethe hat einmal gedichtet:

Michelangelo Buonarroti, Kupferstich, Original um 1700

© gemeinfrei Antonio Capellari

*„Als ich einmal eine Spinne*

*erschlagen,*
*Dacht ich, ob ich das wohl gesollt?*
*Hat Gott ihr doch wie mir gewollt*
*Einen Anteil an diesen Tagen!"*

(Divan, Buch der Sprüche)

Es geht also darum, die Schöpfung als das wahrzunehmen, was sie ist – als ein undenkbares Wunder. Und sie ist ein Faktum. Auch eine Spinne ist ein Wunder. Daher stammt meine tiefe Verehrung für

den Insektenforscher Jean-Henri Fabre (1823–1915). Je tiefer er in das Wesen der Insekten eindrang, desto größer wurde seine Frömmigkeit. Ich habe ihn fast wie eine Wiedergeburt Goethes im Insektenreich betrachtet.

Johann Wolfgang von Goethe

### Ehrfurcht vor dem Leben

**W.W.:** Haben alle anderen Wesen auch eine Würde, also Tiere und Pflanzen und die Erde wie auch geistige Wesen?

**M. Engelhard:** Selbstverständlich. Wir Menschen sind im Kreis dessen, was ist, die erkennenden Wesen. Wir sind als die erkennenden Wesen an oberster Stelle eingeschlossen. Die Selbstachtung des Menschen setzt die Achtung der Schöpfung voraus. Beides hängt miteinander zusammen, letztlich ist es dasselbe. Wenn ich auf der einen Seite eine Trennung vollziehe zwischen dem Ich des erkennenden Menschen und dem übrigen Sein der Schöpfung, dann kann man das am besten mit den Worten Albert Schweitzers beschreiben, der ja manchmal etwas belächelt wird, der aber sehr aktuell ist: der Ehrfurcht vor dem Leben. Der Begriff Leben muß hier sehr weit gefaßt werden. Auch Goethe war

Jean-Henri Fabre (Ausschnitt)

Albert Schweitzer

Häuptling Seattle
1864 (Ausschnitt)

der Auffassung, daß unser Planet Erde atmet. Und neueste Forschungen bestätigen das auf eine verblüffende Weise. Das ungeheure Energien ausstoßende, das einerseits wohlgeordnete, andererseits aber auch chaotische Universum ist unendlich lebendig. Das Universum verwandelt sich ständig. Die gesamte Schöpfung ist in ständiger lebendiger Bewegung. Nichts ist statisch in der Schöpfung. Das bedeutet, daß alles lebt. Vor diesem Leben, von dem wir ein Teil sind, sollte man Ehrfurcht haben. Und schon unsere eigene Körperlichkeit bis ins Kleinste hinein besteht aus Urbestandteilen dieses lebendigen Universums. Insoweit wir materielle Wesen sind, sind wir von allen anderen Lebewesen essentiell nicht unterschieden.

Und deshalb ist mir die Folgerung, die daraus im Verhältnis zur Natur gezogen werden muß, so außerordentlich wichtig. Das ist die immer wichtiger werdende Lehre, die zum Grundbestandteil aller Erziehung werden müßte: die Ehrfurcht vor dem Leben, vor aller Schöpfung. Man sollte auch Ehrfurcht vor dem Leben der Flüsse haben, und es ist eine Vergewaltigung, was man heutzutage den Flüssen antut. Die Natur darf man nicht vergewaltigen!

Es gibt ja die berühmte Rede, die dem Häuptling Seattle zugeschrieben wird, in der er u.a. sagt:

*„Wir sind ein Teil der Erde, und sie ist ein Teil von uns. Die duftenden Blumen sind unsere Schwestern, die Rehe, das Pferd, der große Adler sind unsere Brüder. Die felsigen Höhen, die saftigen Wiesen, die Körperwärme des Ponys – und des Menschen – sie alle gehören zur gleichen Familie …*

*Lehrt eure Kinder, was wir unsere Kinder lehrten. Die Erde ist unsere Mutter. Was die Erde befällt, befällt auch die Söhne und Töchter der Erde. Denn das wissen wir: Die Erde gehört nicht dem Menschen – der Mensch gehört zur Erde. Alles ist miteinander verbunden wie das Blut, das eine Familie vereint."*

Und wie kann man seine Mutter besitzen wollen? Das aber tun wir derzeit – wir beuten sie aus und zerstören sie.

Und wie verhalten sich die Menschen gegenüber den Menschen? *„Die Rehe, das Pferd, der große Adler sind unsere Brüder."* Behandeln die Menschen ihre Mitmenschen als Brüder und Schwestern? Spioniert man seine Geschwister aus? Läßt man seine Schwestern in Textilfabriken verbrennen? Wohin man schaut: überall Gewalt, Täuschung, Betrug, Heuchelei, Lüge, Vertuschung, Ausbeutung, Mord und Krieg. Und wofür das alles? Für Geld und Macht. Sechs Millionen Syrer sind auf der Flucht, darunter drei Millionen Kinder. Weil man einen Hafen am Mittelmeer braucht. Ob und wie sehr ein Mensch, eine Gruppe, eine Religion, eine Kultur die Menschenwürde achtet, kann man ganz leicht daran erkennen, wie viele Menschen wegen solcher Geld- und Machtziele unterdrückt, ausgebeutet, ins Unglück gestürzt oder gemordet werden.

Das Fanal der Französischen Revolution war „Freiheit, Gleichheit, Brüderlichkeit." Daran stört mich die Reihenfolge. Nur, wenn wir jeden Menschen als unseren Bruder, unsere Schwester achten und uns entsprechend verhalten, kann es auf dieser Erde Freiheit und Gleichheit geben. Und davon sind wir – jeder Blick in irgendeine Zeitung zeigt uns das – noch ziemlich weit entfernt.

### Würde ist keine Eigenschaft

**W.W.:** Ist ein Mensch per Bestimmung immer würdig, oder kann er auch ganz unwürdig sein? Oder ist er von seinem Grundwesen her würdig und benimmt sich nur mehr oder weniger unwürdig? Kann Würde mit moralischen Kategorien beschrieben werden?

**M. Engelhard:** Die Menschenwürde ist keine Eigenschaft, die man mehr oder weniger hat, sondern eine Seinsbestimmung des Menschen. Die Würde des Menschen hat mit seinen moralischen Qualitäten überhaupt nichts zu tun. Auch der übelste Verbrecher muß entsprechend seiner Menschenwürde behandelt werden. Diese Pflicht wird, das ist offenkundig, überall auf der Erde tausendfach zu jeder Stunde mißachtet. Das ändert aber nichts daran, daß es unsere Menschenpflicht ist, uns entsprechend zu verhalten.

### Keine Rechtfertigung zum Töten eines Menschen

Die Achtung vor dem Leben muß sich vor allem durch die Achtung vor jedem Menschenleben bewähren. Die Menschen vom Kreisauer

Adolf Hitler (Ausschnitt)

Harry S. Truman (Ausschnitt)

Barack Obama (Ausschnitt)

Kreis hatten ein christliches Gewissen. Und so war es für sie ein Gewissensproblem, ob man ein Attentat auf Hitler überhaupt verüben dürfe – in Kenntnis der ungeheuerlichen und historisch einmaligen Verbrechen Hitlers. Aber trotzdem war Hitler ein Mensch! Wir Menschen sind zeitlich endliche Wesen. Das ändert aber nichts an dem unendlichen Wert jedes einzelnen Menschen. Darf man einen Menschen töten? Das fünfte Gebot gibt eine sehr klare und einfache Antwort darauf: Nein! Wäre das Attentat auf Hitler gelungen, so hätten sie seinen Tod, so glaube ich, auch als Schuld empfunden. Sie hätten diese Schuld auf sich genommen, um das Leben von Millionen unschuldiger Menschen, die in den nächsten zehn Monaten wegen Hitler noch sterben mußten, zu retten. Solche Männer und Frauen ehre ich. Wenn ich dagegen den allgemein akzeptierten Triumphgestus von Präsident Obama nach der völkerrechtswidrigen Tötung Osama bin Ladens betrachte, habe ich nicht den Eindruck, daß das christliche Weltgewissen sich inzwischen verfeinert hat; von den zivilen Opfern amerikanischer Drohnen gar nicht zu reden. So wurden ja sogar die Atombomben auf Hiroshima und Nagasaki von Präsident Truman als humaner Akt gerechtfertigt. Wäre Hitler weniger schuldig, wenn er statt sechs Millionen Juden eine Million getötet hätte?

Ich habe einmal eine Semester-Abschlußrede in der Schiller-Universität in Heidelberg, einer amerikanischen Institution, gehalten. In dieser Rede habe ich gesagt: Wenn immer ein Politiker euch

Osama bin Laden (Ausschnitt)

erzählt, daß es Rechtfertigungsgründe dafür gibt, einen unschuldigen Menschen zu töten, dann glaubt ihm nicht! Er lügt! – Das ist meine tiefste Überzeugung. Jeder Mensch ist gleichviel wert. Und dieser Wert ist unendlich. Das gilt es zu respektieren.

Meine Klausur im zweiten Staatsexamen hatte die Todesstrafe zum Thema. Darin habe ich ausgeführt, daß man im Mittelalter an das Gottesurteil glaubte, z.B. bei einem Schwertkampf, auch wenn dabei der einzelne stirbt. Damals war das richtig. Denn nicht der Mensch verfügte damals über das Leben, sondern, so glaubte man, Gott selbst. Aber seitdem man Gott aus dem Rechtssystem ausgeschaltet hat, kann es kein Todesurteil mehr geben. Der Mensch ist nicht berechtigt, den Menschen zu töten. So einfach ist das. Die Abschaffung Gottes aus der Rechtsprechung hat die Verbannung der Todesstrafe zur Folge. Denn wir haben keinen anderen höchsten Wert als den Wert des Menschen, der, wenn die Frage der Tötung eines Menschen ansteht, mit dem Wert des menschlichen Lebens identisch ist. Wie und mit welchen Argumenten z.B. Christen in den USA die Todesstrafe verteidigen, finde ich auf eine Weise unchristlich, die mich täglich erneut verblüfft.

**W.W.:** Dann muß also jedem Menschen Würde zugemessen werden, auch wenn Schattenseiten, Unvollkommenheiten oder Böses in ihm sind?

**M. Engelhard:** Natürlich!

### Nicht aus den Atomen kommt der Geist!

**W.W.:** Auch das Christentum interpretiert die Rede vom Menschen als Ebenbild Gottes dahingehend, daß die Würde des Menschen gottgegeben und nicht verlierbar sei. Sie komme deshalb jedem Menschen als solchem zu und sei unabhängig von seinem Verhalten zu sehen. Kannst Du das noch ein wenig erläutern?

**M. Engelhard:** Man kann die Würde des Menschen nicht vernünftiger begründen als mit dieser Ebenbildlichkeit Gottes. Das setzt aber auch Ehrfurcht vor dem Geist des Menschen voraus. Geist ist keine Folge irgendwelcher elektrischer Funken im Gehirn, sondern jeder wahre Geist ist immer göttlichen Ursprungs. Geist kann nur von

Geist kommen und nicht aus der Teilchenphysik. Und dieser Geist ist der Heilige Geist. Goethe hatte in seinem Arbeitszimmer den alten Pfingsthymnus an die Wand geheftet: *Veni creator spiritus (Komm, Schöpfer Geist)*.

Christus sagt den ungeheuerlichen Satz: *„Darum sollt ihr vollkommen sein, gleichwie euer Vater im Himmel vollkommen ist."* (Mt. 5,48) Daß das in einer begrenzten Welt und bei den begrenzten Fähigkeiten des Menschen und bei seiner Verführbarkeit nicht möglich ist, ist deutlich. Aber Christus weist uns damit die Richtung, die unserem Leben als Leitstern gelten soll. Wir müssen uns bemühen, auf dem unendlichen Weg zur Vollkommenheit des Vaters von dieser Richtung nicht allzuweit abzuweichen. Das ist das Problem des Menschen überhaupt! Und je weiter der Mensch auf diesem Wege kommt, je gerader er diesen Weg geht, desto größeres Wohlgefallen hat er vor Gott. Der Mensch kann nicht machen, was er will, sondern er muß das Rechte wollen: *„Was ist des Menschen Freiheit? Recht zu tun."* (Goethe, *Egmont*)

Theodor Storm:
> *Der eine fragt: Was kommt danach?*
> *Der andere fragt nur: Ist es recht?*
> *Und also unterscheidet sich*
> *Der Freie von dem Knecht.*

Theodor Storm 1886 (Ausschnitt)

© gemeinfrei  unbekannt

Wenn die Nationen auf ihre großen Geister hören wollten und ihre Erziehung danach ausrichten würden, würde man die Werte und Prioritäten anders setzen.

Was Menschenwürde im Verhalten der Menschen untereinander sein sollte, ist im politischen Bereich dasjenige, was man mit Frieden bezeichnet. Aber wenn man sich die Welt anschaut, ist von Frieden fast überhaupt keine Rede mehr. Wenn ich mir nur anhöre, wie man auf dem G8-Gipfel mit der Syrien-Frage umging, wird mir ganz schwummerig. Es geht um viele Tausende von menschlichen Leichen, und jegliches Verhalten oder Nichtverhalten, das dem kein Ende setzt, wird gerechtfertigt. So wie die Würde des Menschen der oberste Wert der Menschheit ist und an die Stelle Gottes in der Verfassung getreten ist, so ist der Friede der oberste Wert der Politik. Und beides hängt aufs Engste miteinander zusammen. Es gibt überhaupt nur Frieden, wenn die Menschen das Gebot beachten, welches ihnen durch den Begriff der Menschenwürde auferlegt ist, weil sie Menschen sind. Die Verstöße gegen diese Menschenwürde sind der Krieg und die Verletzung des Friedens als der vernünftigen menschlichen – christlich gesprochen: gottgewollten – Ordnung der menschlichen Dinge auf diesem Planeten.

### Zu lang schon ist die Ehre der Himmlischen unsichtbar

Neulich sah ich in einem Film über Lincoln, wie er sich gegen die Sklaverei aussprach und gegen sie zu Felde zog. Und am gleichen Tag hatte ich mich mit dem Gedicht *Patmos* von Hölderlin beschäftigt, dessen letzte Strophe in einer der vielen Fassungen lautet:

> *Zu lang, zu lang schon ist*
> *Die Ehre der Himmlischen unsichtbar.*
> *Denn fast die Finger müssen sie*
> *Uns führen, und schmählich*
> *Entreißt das Herz uns eine Gewalt.*
> *Denn Opfer will der Himmlischen jedes,*
> *Wenn aber eines versäumt ward,*
> *Nie hat es Gutes gebracht.*
> *Wir haben gedienet der Mutter Erd'*
> *Und haben jüngst dem Tagesgotte gedient,*
> *Unwissend, der Vater aber liebt,*
> *Der über allen waltet,*
> *Am meisten, daß gepfleget werde*
> *Der feste Buchstab, und Bestehendes gut*
> *Gedeutet. Dem folgt deutscher Gesang.*

Dieses Gedicht schien mir fast wie die Prophetie des amerikanischen Bürgerkriegs mit seinen entsetzlich vielen Toten. Für den *„festen Buchstab"* könnte man *„Menschenwürde"* einsetzen. Aber wenn die Würde nicht beachtet wird und ein ganzes Land Sklaverei betreibt, dann hat man *„unwissend"* dem Tagesgotte gedient. Aber der feste Buchstabe, das Unveräußerlichste, muß gepflegt werden. Diese Strophe deutet die ge-

Friedrich Hölderlin 1792

Recep Tayyip Erdoğan (Ausschnitt)

Edward Snowden

samte Weltgeschichte und ist von einer Weisheit und Überlegenheit, von einem Wissen um das, was der Mensch ist bzw. sein soll, das mir Mut zum Leben gibt. Das Vergessen der Himmlischen charakterisiert unsere Zeit treffend. Und für die *„Himmlischen"* kann man ruhigen Gewissens die *„Menschenwürde"* einsetzen. Nichts anderes hat Hölderlin gemeint. Aber wir sind *„unwissend"*, und es ist *„Gewalt"*, die uns das *„Herz"*, den Ort unserer Menschlichkeit, *„entreißt"*.

## Würde haben – würdig sein

**W.W.:** Wir haben darüber gesprochen, daß die Würde als eine Seinsbestimmung jedem Menschen eigen ist. Kann der Mensch also heute machen, was er will, und bleibt er dann würdig bzw. hat er dann immer noch seine Würde?

**M. Engelhard:** Würdig bleibt er z.B. bei einem verbrecherischen Verhalten nicht, aber er hat Würde. Und der Mensch kann seine und die anderer Menschen ständig verletzen. Man muß die Würde von zwei Seiten sehen. Zum einen als das, daß man jeden Menschen als Träger dieser Würde achten und behandeln muß. Und wenn man betrachtet, wie Menschen heutzutage immer noch andere Menschen behandeln, dann wird fortwährend weltweit gegen die Menschenwürde verstoßen – von der sogenannten Bankenkrise über den Syrien-Konflikt bis in die Türkei, wo Herr Erdogan die Demonstranten als Gesindel und Terroristen bezeichnet, nur weil sie anderer Meinung sind als er. Wenn ein Mensch andere Menschen als Gesindel bezeichnet, bezeugt er damit, daß er offenbar nicht die geringste Vorstellung davon hat, was die Würde des anderen ist. Und das ist schändlich. Einen solchen Menschen zu achten ist mir unmöglich.

Betrachten wir den Fall Snowden: Der amerikanische Staat nimmt sich das Recht, die Würde von Millionen von Menschen zu verletzen; aber wer dieses Unrecht aufdeckt, ist angeblich eine Gefahr für den Staat und muß bestraft werden. Das ist für mich verkehrte Welt. Nein, Herr Snowden hilft dem Staat, der sich durch sein Verhalten selbst von innen aushöhlt, zur Legitimität zurückzufinden. Wenn Herrn Snowden in Anwesenheit des amerikanischen Präsidenten der Pulitzerpreis verliehen würde, wäre die amerikanische Demokratie ein gutes Stück achtungswürdiger. Das unsäglich alberne Verhalten der amerikanischen und britischen Institutionen gegenüber Herrn Snowden und gegenüber der übrigen Welt in diesem Fall hat dagegen meine Achtung vor den zuvor von mir hochgeschätzten amerikanischen und britischen Demokratien auf einen Tiefpunkt sinken lassen.

### Der Glaube an die Würde des Menschen

Giovanni Pico della Mirandola

© gemeinfrei unknown original, Cristofano dell'Altissimo

**W.W.:** Derjenige, der den Begriff der Würde des Menschen als erster formuliert, ist der Renaissance-Philosoph Giovanni Pico della Mirandola (1463–94). Die Würde des Menschen gründet nach Pico della Mirandola darauf, daß der Mensch keine festgelegte Natur habe, daß er die Freiheit habe, sein Wesen selbst zu schaffen. Diese Selbstbestimmung des Menschen mache seine Würde aus. Welcher Schritt in der Menschheitsentwicklung wurde damit vollzogen?

**M. Engelhard:** Darin drückt sich der Stolz des Renaissance-Menschen aus. Das Bewußtsein der eigenen Kreativität, vor allem bei Michelangelo, ist das typische Gefühl der Renaissance. Und die Kreativität des Menschen ist die Beglaubigung seiner Herkunft aus dem Geist. Pico della Mirandola ist ein Denker, den ich zutiefst bewundere. Aus seinen Worten spricht der Glaube an den Menschen. Und das ist ein schöner und guter Glaube. Der Glaube an den Menschen – das ist Humanismus. Und das ist nichts weiter als der Glaube an die Würde des Menschen.

Die Selbstbestimmung des Menschen ist nicht eine Folge seiner Würde, sondern seiner Freiheit. Aber auch derjenige, der seine Selbstbestimmung und seine Entscheidungsfreiheit mißbraucht, verliert dadurch nicht den Anspruch, von den anderen seiner Menschenwürde gemäß behandelt zu werden. Man kann seine eigene Würde nicht verwirken, wie man sogar Grundrechte verwirken kann. Aber man kann sehr wohl die Achtung, die einem als Mensch entgegengebracht wird, verwirken, wenn man die Würde der anderen nicht achtet. Die Würde aber ist immer da. Sie ist Forderung an jeden Menschen, der einem anderen Menschen gegenübertritt.

Auch heute noch verwechseln die Juristen ständig Freiheit und Würde. Christus hat den geheimnisvollen Satz in seiner Bergpredigt gesagt: *„Selig sind die Armen im Geiste."* Damit meinte er keineswegs nur die Ungebildeten, er meinte auch die Verrückten, die Dementen. Und er sprach, daß ihrer das Himmelreich sei. Das bedeutet, rechtlich gesehen, daß ein Dementer, der einen Menschen umbringt, unschuldig ist und deshalb, trotz seiner Mordtat, ins Himmelreich kommt.

Unsere Freiheit besteht, paradoxerweise, nicht zuletzt darin, daß wir unsere eigene Menschenwürde verletzen können. Aber die Würde des anderen dürfen wir nie verletzen.

### Demokratie und Staatsterrorismus mit gleichem Ursprung

**W.W.:** Welche Rolle hat die Aufklärung in der Geschichte der Menschenwürde gespielt?

**M. Engelhard:** Ich komme auf die Französische Revolution, eines der wichtigsten Ereignisse der jüngeren Weltgeschichte, zurück: Dieses Ereignis ist ein Produkt der Aufklärung. Descartes hatte erklärt: *„Cogito ergo sum – Ich denke, also bin ich".* Damit wurde das Denken zur alleinigen, weil nachweisbaren Grundlage der Existenz des Menschen gemacht. Und das bedeutet: nur das nachweisbar als richtig Gedachte kann wahr sein und als Wahrheit anerkannt werden. Das Denken des Menschen bestimmt also ganz allein, was Wahrheit ist. Und so untersuchten die Aufklärer denkend die Realität der Welt, die sie vorfanden, die Welt des *ancien régime.* Und sie fanden heraus,

Frans Hals circa 1649–1700

© gemeinfrei

René Descartes (Ausschnitt)

daß dieser Zustand vor dem Richterstuhl des Denkens, der Vernunft, ganz und gar absurd war. Und damit hatten sie auch völlig recht. Da herrschte also in Frankreich ein König. Warum? Weil dort seit tausend Jahren ein König geherrscht hat. Aber ist das 1789 noch ein zureichender Grund? Der König glaubte sich „von Gottes Gnaden" legitimiert. Aber das Denken, die Vernunft, war inzwischen durch die Aufklärung an die Stelle Gottes getreten. Die Behauptung, daß ein unbeweisbarer Gott überhaupt irgend etwas legitimieren könne, erscheint dem Denken absurd. Und so verwandelte man Notre Dame in einen Tempel der Vernunft, zog die Kirchengüter ein, schlug den Engeln, Heiligen und Propheten an den Kathedralen die Köpfe ab, köpfte den König und die Königin, knüpfte die Adligen an die Laternen und errichtete ein Terrorregime mit Guillotine, das Tausenden völlig unschuldiger Menschen den Kopf abhackte. Alles im Namen der „Vernunft". Ich konnte mich 1989 nicht genug darüber verwundern, daß zur 200-Jahrfeier der Französischen Revolution kaum jemand darauf hinwies, daß Demokratie und Staatsterrorismus den gleichen Ursprung haben.

**W.W.:** Wie konnte es dazu kommen?

**M. Engelhard:** Das Denken war zu dem Schluß gekommen, daß die bestehende Ordnung nicht nur ungerecht, sondern absurd war. Um rational und gerecht zu sein, mußte der Staat auf Freiheit und Gleichheit aller Menschen aufgebaut sein. Wäre das geschafft, dann würde als schönste Blüte des Denkens auch die Brüderlichkeit erscheinen. Freiheit und Gleichheit waren abstrakte Forderungen der Vernunft, Konstrukte des Denkens, und also wahre Ideale, die es durchzusetzen galt, und sei es auch mit Gewalt, damit der Tag der Brüderlichkeit endlich komme.

Nach diesem Muster sind dann auch die Oktober-Revolution, die Nazi-Revolution, die chinesische Kulturrevolution und unzählige andere Revolutionen in Europa, Lateinamerika, Afrika und Asien abgelaufen. Man stellt irgendein Denkkonstrukt als einzig wahres auf, und wer damit nicht einverstanden ist, wird verfolgt, kommt ins Gefängnis oder wird eben umgebracht. Genau das geschieht jetzt in Amerika mit Leuten, die mit der Antiterrorpolitik ihrer Regierung nicht einverstanden sind.

Ich habe eine furchtbare Angst vor einer solchen Entwicklung. Ich selbst bin 77 Jahre alt und werde davon wohl nicht mehr allzu sehr behelligt werden, es sei denn, dieses Interview macht unsere Geheimdienste auf mich aufmerksam. Doch dort liest man wohl kaum die FLENSBURGER HEFTE. Aber wie wird es meinem Sohn ergehen?

Ein anderes Beispiel: Vor ein paar Wochen wurde des Jahrestages eines Flugzeugabsturzes in Amerika gedacht, bei dem über 100 Passagiere ihr Leben verloren. Der Fall wurde offiziell untersucht. Ergebnis: Technisches Versagen der Maschine. Aber es hatten sich über 30 Zeugen gemeldet, die eine Rakete gesehen hatten. Davon stand in dem offiziellen Untersuchungsbericht keine Silbe. Jetzt meldeten sich einige dieser Zeugen wieder zu Wort und berichteten, daß sie von offizieller Seite gezwungen wurden, den Mund zu halten, wenn sie sich nicht größten Schwierigkeiten aussetzen wollten. Und zu diesen Zeugen meldete sich nun ein Senator zu Wort. Und er beschimpfte die Zeugen: Warum sie sich nicht vor sieben Jahren gemeldet hätten. Ob sie zu feige dazu gewesen wären? *„Shame on them!!"* brüllte er. Und das just in Tagen, in denen die ganze Welt erfährt, wie es denen ergeht, die die Öffentlichkeit über Vorgänge unterrichten, auf denen ein Geheimstempel angebracht ist.

### Ewige Vorbilder

**W.W.:** Gibt es Beispiele für die Beachtung der Menschenwürde vor der Französischen Revolution?

**M. Engelhard:** O ja! Ich habe vor kurzem in einem literarischen Zirkel das Buch Ruth in der Übersetzung Martin Luthers vorgelesen. Diese Geschichte hat mich von Jugend an bewegt. Wie verhält sich Boas zu Ruth? Ruth ist Moabitin, gehört also einem Volk an, das die Juden verachteten. Aber Boas verachtet sie nicht. Sie arbeitet für ihn. Er gebietet seinen Arbeitern, sie nicht anzutasten. Sie schläft zu seinen Füßen. Er rührt sie nicht an. Sie ist Trägerin des Erbes ihres Mannes. Boas nimmt sich dieses Erbe nicht. Er richtet sich nach den geltenden Gesetzen, ruft eine Versammlung zusammen, erklärt die Sachlage. Ein anderer könnte das Erbe haben, wenn er Ruth heiratet. Der andere aber will keine Moabitin. Und jetzt nimmt Boas Ruth zur Frau. Er liebt in ihr einen reinen, außerordentlich guten Menschen. Die Vorurteile der Religion, der Nation, des Geschlechts, der gesellschaftlichen Stellung interessieren ihn nicht. Er erkennt in ihr eine wunderbare gleichberechtigte menschliche Person, die er zu ehren hat. Und damit macht er Ruth frei zur Liebe zu ihm. Wie wäre es, wenn wir die Asylanten, die aus größter Not zu uns kommen, so behandelten, wie Boas Ruth behandelt hat?

**W.W.:** Gibt es bei uns irgendjemanden, der deine Ansichten über die Menschenwürde grundsätzlich teilt?

**M. Engelhard:** Gott sei Dank, ja! In der Politik wird zwar viel über Menschenwürde geredet, aber man weigert sich schlicht, sie zu Ende zu denken, geschweige denn, das politische Handeln danach auszurichten. Sonst würden wir uns gegenüber den Asylanten, den Sinti und Roma, den Menschen, die für einen Hungerlohn arbeiten, anders verhalten. Was in Talkshows und in den Medien geredet wird, bleibt fast immer an der Oberfläche. Aber es gibt das Bundesverfassungsgericht. Dieses hat z.b. entschieden, daß ein mit Terroristen besetztes Passagierflugzeug, das auf ein Atomkraftwerk zusteuert, nicht abgeschossen werden darf. Das läßt sich nur mit einer richtigen Einstellung zur Menschenwürde vernünftig begründen. 230 Menschen in einem Flugzeug sind viel weniger als vielleicht einige Tausend, die durch ein explodierendes Atomkraftwerk sterben müßten. Aber so kann und darf man nicht rechnen. Man kann die Unendlichkeiten des Wertes des menschlichen Lebens nicht addieren und gegeneinander verrechnen. Bei jeder Rechnung dieser Art kommt immer nur das Unendliche heraus. Wie viele Menschen versuchten jüngst unter Lebensgefahr die möglicherweise noch Überlebenden in der zusammengestürzten Fabrik in Bangladesh zu retten, bei Einsatz des eigenen Lebens. Nach einigen Tagen hat man noch eine einzige junge Frau gerettet. Aber diese Rettung war ein Triumph des Lebens – und der Menschenwürde! Warum? Weil auch dieser eine Mensch unendlich viel wert ist.

### Die kürzeste Verbindung des Menschen mit dem Himmel

Es gibt eine Stelle aus den Tagebüchern Max Beckmanns (1884–1950), und zwar aus der Zeit des Ersten Weltkriegs, als er an der Front war. Er kämpfte in den Grabenkriegen von Verdun. Ein Kamerad von ihm war gefallen und wurde begraben. Man machte ein Holzkreuz und stand auf zum Gebet. Sie boten damit ihren Körper den Gewehrsalven der Feinde dar. Sie fühlten, daß der Tote eine Würde hat und daß man wegen dieser Würde des Toten bei seinem Begräbnis nicht auf dem Bauch liegen könne. Für Hölderlin war das Stehen des Menschen die kürzeste Verbindung des Menschen mit dem Himmel. Der stehende Mensch stellt mit seiner Gestalt seine Herkunft aus dem Göttlichen dar. Wenn der Mensch mit der Würde des anderen Menschen konfrontiert ist, dann steht er. Und Beckmann schreibt darüber, daß seine Kameraden, oft ganz einfache Handwerker, dies wissen. Sie *standen* vor dem Toten. Und die Kugeln pfiffen um ihre Ohren. Diese Haltung ist es, was den Menschen zum Menschen macht und was ihn über alle anderen Teile der Schöpfung erhebt – nicht das Denken. Und woher wußten die Handwerker dies? Die Antwort ist ganz einfach: *Jeder* Mensch mißt seiner eigenen Existenz, zu Recht, einen unendlichen Wert bei. Dazu braucht man kein Abitur.

## Eine Welt, in der nur noch Gewalt zählt

**W.W.:** Und wie steht es mit dem Gestaltungsauftrag während der Aufklärung – ist dies ein Fortschritt?

**M. Engelhard:** Da bin ich mir nicht so sicher. Ob der Grad der Achtung der Menschenwürde zugenommen hat, möchte ich bezweifeln. Seit Pico della Mirandola bekennt sich natürlich jeder in seinen Sonntagsreden zu dieser Würde. Aber inwieweit dies auf dem ursprünglichen Gefühl oder vielmehr der Gewißheit beruht, daß es z.B. richtig ist, auch unter Gefahr des eigenen Lebens einen Verunglückten zu retten, möchte ich bezweifeln. Und ich glaube, daß dieses Gefühl in den letzten Jahrhunderten im Abnehmen begriffen ist. Wenn ich an die Szenen denke, wie in unserer Zeit 16jährige auf einen am Boden liegenden Mann eintreten, dann muß ich mich fragen, ob es diese Form der Brutalität immer gegeben hat. Ich weiß es nicht.

Es ist so grauenvoll, wie die Menschen zunehmend die Würde des anderen Menschen verletzen. Wenn man allein an die Menschen denkt, die durch Schußwaffen in den USA umgebracht werden, sieht man, wie wir uns zunehmend auf eine Welt zubewegen, in der nur noch Gewalt zählt. Und man glaubt zunehmend, daß man den Frieden – aber man spricht ja zunehmend nur noch von Sicherheit – durch Drohnenangriffe, Waffenlieferungen und durch zusätzliche Bewaffnung schaffen kann. Aber das ist eine Illusion.

Andererseits muß man auch sagen, daß die Menschen immer grausam waren, was man auch schon im Alten Testament nachlesen kann. Bei Josua steht zu lesen, daß nach jeder Schlacht stolz verkündet wird, daß wirklich kein Mensch aus den Reihen des Gegners mehr lebe.

Natürlich gab es über die Jahrhunderte eine Entwicklung. Wenn man an Pico della Mirandola denkt, so hat er aus dem Neuen Testament und aus den Weisheiten der alten Griechen, der Araber und des gesamten Orients das Beste und das Edelste herausgezogen. Und er war ein enger Freund des von mir verehrten Angelo Poliziano, der seinerseits wiederum Michelangelo entdeckt hat.

Die Anerkenntnis der großen Kunst sowie die Verehrung des genialen Menschengeistes, der die schönsten Denkmäler seiner Würde in großen Kunst-

© gemeinfrei Domenico Ghirlandaio (1449–1494)

Angelo Poliziano (Ausschnitt)

werken niederlegt, war bei Mirandola und Poliziano selbstverständlich vorhanden. Sonst hätten sie z.B. den 16jährigen Michelangelo nicht als denjenigen erkannt, der er war.

### Freiheit

Friedrich Schiller (Ausschnitt)
(zwischen 1793 und 1794)

**W.W.:** Wie stehst du zu Schiller, der in der Würde den Ausdruck einer erhabenen Gesinnung sieht? Schiller sieht ja im freien Willen des Menschen den entscheidenden Unterschied zum Tier, und er schreibt, Würde entstehe, wenn sich der Wille des Menschen über seinen Naturtrieb erhebe. Was ist das für ein Verständnis von Würde?

**M. Engelhard:** Schiller, diese Frage mußte wohl kommen. Zuvor: Ich habe schon als Junge Schiller geliebt und bewundert – und ich liebe und bewundere ihn immer noch. Gleichwohl habe ich ihn nie für einen Dichter gehalten. Und meine Liebe gilt eigentlich nur den Dichtern und Künstlern. Darauf angesprochen habe ich jahrzehntelang geantwortet: Er ist kein Dichter, aber er ist Schiller, eine in der Weltliteratur einmalige Erscheinung. Aber worin bestand diese Einmaligkeit?

Meine Freundin Katharina Mommsen schrieb in den letzten Jahren ein Buch über die Goethe-Schiller-Freundschaft: *„Kein Rettungsmittel als die Liebe"*. Wir haben viel darüber korrespondiert. Immer wieder las ich Goethes *Epilog zu Schillers Glocke*. Es ist das herrlichste Schiller-Denkmal auf der Welt. Ähnliches gibt es nur in der Freundschaft Li Tai Pos mit Tu Fu. Aber Goethe hielt wie ich Schiller für keinen Dichter. Doch dann las ich Goethes *Achilleis*. Und dabei fiel mir die Chiron-Szene aus der Klassischen Walpurgisnacht ein:

*Faust: Von Herkules willst nichts erwähnen?*
*Chiron: O weh! Errege nicht mein Sehnen! -*
*Ich hatte Phöbus nie gesehn,*
*Noch Ares, Hermes, wie sie heißen;*
*Da sah ich mir vor Augen stehn,*

*Was alle Menschen göttlich preisen.*
*So war er ein geborner König,*
*Als Jüngling herrlichst anzuschaun*
*Dem ältern Bruder untertänig*
*Und auch den allerliebsten Fraun.*
*Den zweiten zeugt nicht Gäa wieder,*
*Nicht führt ihn Hebe himmelein;*
*Vergebens mühen sich die Lieder,*
*Vergebens quälen sie den Stein.*

Und da begriff ich: Schiller war für Goethe die Verkörperung eines Menschheitsideals: des Helden. Und das in höchster Reinheit. Der Schriftsteller, der die Literatur als Held behandelt. Und das ist in der Literatur in dieser Macht nun wirklich einmalig. Das liebte Goethe an ihm, davor beugte er sich. Die *Achilleis* sollte eine dichterische Statue Schillers werden.

Für Schiller ist der Mensch vor allem frei, *„und würd er in Ketten geboren."* Wer in Ketten nicht frei *ist*, interessiert ihn nicht. Man muß dann eben die Ketten zerbrechen. Und wenn man es nicht kann? Man kann! Ein heroisches Ideal. Für die Würde von Menschen, die dieses Ideal nicht teilten, hatte er nichts übrig. Und wenn er darüber nachdachte, dann so:

*„Würde des Menschen. Nichts mehr davon, ich bitt euch. Zu essen gebt ihm, zu wohnen. Habt ihr die Blöße bedeckt, gibt sich die Würde von selbst."*

Das klingt elitär, ja arrogant – und ist es wohl auch. Goethe wußte, daß Schiller viel „aristokratischer" war als er. Er wußte, daß seine Werke nie so populär werden konnten wie die Schillers. Gleichwohl: Wie kann man einen solchen Menschen lieben und verehren?

Heros und Demos stehen in einem spannungsreichen polaren Verhältnis zueinander. Der Heros ist eiNSAm, und dennoch hängt alles von ihm ab. Ohne Achill kann es keinen Sieg gegen die Trojaner geben. In gewisser Weise *ist* der Heros das Volk, sein einziger würdiger Repräsentant. Er allein hat das Recht, über das Volk hinwegsehen zu dürfen, weil alles, was er tut und denkt, dem Volke zugute kommt. Der Heros weiß das, und das Volk weiß das. Die Schiller-Jahrhundert-Feier 1859 war das alles andere überstrahlende erste große Kulturfest aller deutsch

Alexander Puschkin (1827)
(Ausschnitt)

sprechenden Menschen. Schiller allein durfte so sprechen, schreiben, denken, handeln, wie er es tat. Denn *„hinter ihm im wesenlosen Scheine lag, was uns alle bändigt, das Gemeine* (Goethe: *Epilog zu Schillers Glocke).“*

Er ging, von Goethe liebend begleitet, seinen heroischen Weg und *„wendete die Blüte höchsten Strebens, das Leben selbst, an dieses Bild des Lebens.“* (ebd.) Goethe hat das Christus-Ähnliche in Schillers Wesen tief empfunden. Schiller ging es ausschließlich darum, daß *„das Gute wirke, wachse, fromme, damit der Tag dem Edlen endlich komme“* (ebd.). Alles, was Schiller denkt und schreibt, ist diesem einen Ziel unbeirrbar verpflichtet. Da wir alle keine Heroen sind – können wir mit diesem Begriff überhaupt noch etwas anfangen? –, sollten wir alle seine Worte als Mahnung zum rechten Gebrauch der Freiheit verstehen. Und die ist auch heute noch nötig. Zu unserem Gespräch über die Menschenwürde tragen seine Worte nichts bei.

Puschkin hat in seiner Jugend, durchaus von Schiller beeinflußt, eine Ode, *Freiheit* überschrieben, gedichtet. Am Ende seines Lebens schrieb Puschkin den Vierzeiler:

*„Die Freiheit und den Wald vergessend*
*Der Zeisig aus dem Käfig sieht,*
*Und Wasser spritzend, Körner fressend*
*Singt voller Leben er sein Lied.“*

Der Dichter ist, wenn er dichtet, der freie Mensch schlechthin. Aber er denkt dabei nicht an die Freiheit, wie er auch den Käfig gar nicht mehr wahrnimmt. Er singt auch im Käfig wie der Vogel, der in den Zweigen wohnt. Erst wenn wir die Freiheit vergessen, sind wir wahrhaft frei. So meinte ja auch schon der große Meister Eckhart: Erst wenn wir Gott vergessen, sind wir mit ihm eins. An diesen Punkt ist Schiller nie gelangt.

### Jedem Tierchen sein Pläsierchen

**W.W.:** Kant begründet die Menschenwürde mit der Vernunft des Menschen, die sich nur selbst ihr eigenes Gesetz für die Beurteilung

Immanuel Kant

des moralisch Guten gibt. Handlungs-bewertungen bewegen sich nach Kant in einem Strukturganzen. In diesem „Reich der Zwecke" hat alles einen mehr oder weniger hohen Preis oder aber Würde. Ein Zweck an sich hat keinen relativen Wert wie der Preis, kann also nicht durch andere Zwecke aufgewogen werden. Er hat statt dessen einen inneren Wert, nämlich die Würde, die auf der Fähigkeit praktisch-vernünftiger Wesen beruht, Handeln autonom als moralisch gut oder böse zu bewerten. Die Würde kommt damit den Menschen als solchen zu, und zwar nicht wegen irgendwelcher Eigenschaften. Ist das ein Fortschritt?

**M. Engelhard:** Kant hat die sogenannten „Gottesbeweise" mit seiner Vernunft geprüft und ist zu dem Ergebnis gelangt, daß die Existenz Gottes mit der Vernunft nicht beweisbar ist. Aber er war auch der Auffassung, daß auch die Nichtexistenz Gottes nicht beweisbar ist. Und das ist ja auch vollkommen richtig. Gott existiert nur für die Menschen, die an ihn glauben. Und das ist auch völlig in Ordnung. Der Glaube ist sozusagen ein metavernünftiges Organ. Wer dieses Organ nicht besitzt, muß daran glauben, daß Mozarts *Don Giovanni* letzten Endes ein Produkt allerkleinster Elementarteilchen ist, die sich nach dem Urknall bildeten. Das halte ich, in aller Offenheit sei es gesagt, für albern. Selbstverständlich kann auch ein Nichtgläubiger ein sittliches Leben führen. Und so habe ich auch gar nichts gegen Atheisten. Jedem Tierchen sein Pläsierchen. Aber sie können mir nicht erklären, warum die Menschheit es immer noch richtig findet, daß man beim Begräbnis eines Kriegskameraden unter Gefahr des eigenen Lebens aus dem Schützengraben kriecht und sich stehend zum Ziel feindlicher Kugeln macht, ausschließlich zu dem Zweck, den Toten und seinen Tod zu ehren. Denn ein solches Verhalten ist, vom Standpunkt der Vernunft aus gesehen, absolut widersinnig. Es gibt also eine metavernünftige Logik, die in der den Menschen seinsbestimmenden Menschenwürde ihren Ursprung hat, und diese Logik veranlaßt den Menschen, vernunftwidrig zu handeln. Diesem Geistbereich gehört auch der Glaube an Gott an.

## Die gesamte Menschheitsgeschichte ist ein permanenter Verrat an Christus

**W.W.:** Der Begriff Menschenwürde wird in den Verfassungen der Länder nach meiner Kenntnis erstmals in der irischen Verfassung von 1937 angeführt. Welchen Stellenwert hat diese Leistung?

**M. Engelhard:** Ich glaube, daß es damit zusammenhängt, daß Irland ein tiefkatholisches Land ist. Die Iren haben erkannt, daß im säkularen Bereich die Menschenwürde an die Stelle Gottes treten muß. Wenn irgend etwas, dann das. Das ist Ausfluß von richtigem, vernünftigem christlichem Denken. Ich halte Jesus Christus für das mit Abstand gescheiteste Wesen, welches jemals auf diesem Globus herumgewandelt ist. Jedes Wort, das er gesprochen hat, war richtig. Und die gesamte Menschheitsgeschichte ist ein permanenter Verrat an Christus. Das ist unsere Weltgeschichte!

**W.W.:** Der Tiefpunkt dieser Menschheitsgeschichte ist mit Sicherheit die Barbarei während des Faschismus. Wie wurde die Würde des Menschen durch die Greueltaten der Nazis, durch die maschinelle Menschenvernichtung, mit Füßen getreten und in ihr Gegenteil verkehrt?

**M. Engelhard:** Sie wurde nicht in ihr Gegenteil verkehrt, sondern sie ist auf eine geradezu unvorstellbar entsetzliche Weise mißachtet und verraten worden. Ein Staat, der es zum wichtigsten Programmpunkt der Politik erklärt, daß ein Volk ausgerottet werden muß, und der dieses industriell ins Werk setzt, ist das Schlimmste, was man sich nur denken kann. Sechs Millionen Juden hatten keine Menschenwürde. Und sie mußten aus Sicht der Nazis vernichtet werden. Man findet dafür eigentlich gar keine Worte. Das hat unsere Vorstellung von den grauenvollen Möglichkeiten des Menschseins auf eine Weise über den Haufen geworfen, die man vorher nicht für möglich hielt. Die abendländische Anthropologie lag danach in Trümmern.

Ich habe schon einmal in einem Interview hier darauf hingewiesen, wie Janusz Korczak, der berühmte Pädagoge, der im Warschauer Ghetto ein Wai-

Janusz Korczak

© gemeinfrei  unbekannt

senhaus leitete, von den Nazis die Freiheit angeboten bekam. Aber er antwortete, daß er doch seine Kinder nicht im Stich lassen könne. Und er stieg mit den Kindern in den Güterwagen, nur um den Kindern beim Gasaustritt über den Kopf streicheln zu können. Das ist der Mensch, wie er sein soll!

Und ein deutscher Junge von vielleicht 25 Jahren, dem Korczak dies mitteilt, erkennt nicht, daß Jesus Christus in Janusz Korczak leibhaftig vor ihm steht. Dieser Soldat hat doch vermutlich Religionsunterricht gehabt. Vermutlich hat er auch zu Jesus Christus gebetet. Aber er begreift nicht, daß er seine Maschinenpistole auf den Falschen richtet.

Wie eine solche Perversion des Menschseins geschehen konnte, ist das, was mich so tief an diesem ganzen Nazitum verstört und erschüttert. Aber wenn man verschiedene Politiker von heute nimmt, so ist es zwar nicht ganz so schlimm, aber doch auch recht oft auf unerträgliche Weise grauenvoll. Wo man in der Welt hinguckt, es ist ein permanentes menschliches Desaster.

### Ehrfurcht vor der eigenen Würde

Ein Punkt ist mir noch sehr wichtig, und zwar die Ehrfurcht vor der eigenen Würde. Goethes Begriff der Ehrfurcht vor sich selbst ist nichts weiter als die Ehrfurcht vor der Würde meiner eigenen Person. Das bedeutet, daß man als Mensch das Böse nicht deswegen nicht tut, weil es verboten ist, sondern weil es meiner Würde widerspricht. *Ich* tue das nicht! Ich, weil ich ich bin! Weil ich Respekt vor meiner eigenen Würde habe, die ich nicht verletzen will. Denn ich bin auf dieser Welt, um meiner Menschenwürde gemäß zu leben. Das ist mein Auftrag hier auf Erden.

Josef Ackermann (2010)

Und was mich erschüttert, ist die unsägliche Schamlosigkeit, die sich in der Welt immer mehr breitmacht. Ich sehe noch die US-amerikanischen Industriellen, wie sie mit ihren Privatflugzeugen zum amerikanischen Senat fliegen, um dort aufzutrumpfen, nachdem sie unzählige Menschen auf der ganzen Welt ins Unglück gestoßen haben. Oder ich denke an die Siegesgeste von Herrn Ackermann, als die unglaublichen Bonus-Zahlungen an Kollegen von einem Gericht bestätigt wurden. Diese Art von absoluter Schamlosigkeit läßt auf ein totales Nichtvorhandensein des Bewußtseins der eigenen Würde schließen. Denn nur das, dessen man sich schämt, empfindet man als Schuld. Schamlosigkeit besteht in der Nichtachtung der eigenen Würde. Solche Gedanken sollten zum obersten Erziehungsziel eines Erziehungssystems gehören, doch davon habe ich noch nicht viel bemerkt. Aber daß die Menschenwürde weiter strahlen muß und daß es unsere Aufgabe ist, ihr ihre Strahlen zurückzugeben, daran kann kein Zweifel sein.

### Die Würde des Menschen ist unantastbar

**W.W.:** Verfassungsrechtlich ist ja nach Artikel 1 Absatz 1 des Grundgesetzes *„die Würde des Menschen unantastbar"*. Sie wird als unveränderliches Grundrecht des Menschen angesehen und beginnt mit seiner Zeugung, auch wenn dies umstritten ist. Die Würde ist unmittelbar geltendes Recht, nicht nur eine Absichtserklärung. Die Würde ist auch oberster Wert des Grundgesetzes. Was bedeutet das, und inwiefern ist dieser verfassungsrechtliche Grundsatz ein Fortschritt?

**M. Engelhard:** Ich würde nicht einmal sagen, daß dies als ein geltendes Recht zu betrachten ist, sondern als die oberste Leitlinie allen Rechts, als der Ursprung allen Rechts. Alles Recht ist Ausfluß der Anerkennung der Menschenwürde als solcher. Daß dies in der Verfassung steht und als der oberste Grundsatz des Rechts von den Gründungsvätern als das erkannt wurde, was es ist, nämlich als die oberste Maxime des rechtlichen Denkens überhaupt, ist großartig. Und das ist neu. Jedes einzelne Gesetz muß daraufhin geprüft werden, inwieweit es dieser Anforderung entspricht. Darüber kann man natürlich streiten. Denn das Recht kann immer nur einen begrenzten Teil der unendlich vielfältigen menschlichen Realität regeln.

### Der Mensch wird zur Ware

**W.W.:** Auf rechtstheoretischer Ebene erhebt sich die Frage, inwiefern die Weiterentwicklung von Gesetzen Grundrechte wie Meinungsfreiheit, Recht auf Selbstbestimmung, Schutz vor Folter und Hinrichtung oder Recht auf Gesundheit einschränken. Innerhalb der deutschen Rechtstheorie wird die Vorstellung, daß die Menschenwürde als ethisches Grundprinzip zeitlos ist und als Maßstab über jeder Staatsform steht, trotz verfassungsrechtlicher Verankerung nicht von allen Menschen akzeptiert. Wie siehst du dieses Problem? Welche Probleme entstehen hierbei, z.B. im Bereich der Gentechnologie, der pränatalen

Diagnostik, des Embryonenschutzgesetzes, dem Klonen, der Stammzellforschung usw.?

**M. Engelhard:** Zunächst einmal ist jede Diskussion über die Folgerungen, die aus dem obersten Grundsatz des Artikels 1 folgen, sowohl in der Gesellschaft als auch politisch gesehen im Parlament, ein notwendiges und höchst positiv zu bewertendes Faktum. Wir *müssen* über all diese Fragen nachdenken. Solche Diskussionen sind Lehrstunden über dasjenige, was die Würde des Menschen ist. Natürlich kann man über verschiedene Fragen verschiedener Meinung sein und muß auch darüber streiten. Aber der Streit selbst ist ein Zeugnis dafür, daß man die hier anstehenden Fragen ernst nimmt. Das ist ein großer zivilisatorischer Fortschritt.

Innerhalb einer Vortragsreihe habe ich kürzlich einen Vortrag in Berlin über die Gefahren der Naturwissenschaften gehalten. Darin habe ich darüber referiert, daß immer mehr Forschungen und Möglichkeiten mit sogenannten Gesundheitseffekten gerechtfertigt werden, daß also Bilanzen aufgestellt werden. In bezug auf die Würde des Menschen gibt es aber keine Bilanzen. Die jüngst herausgekommenen Abhörmaßnahmen des amerikanischen Geheimdienstes NSA sind ja nur ein Zeichen dessen, was technisch heute alles möglich ist. Und siehe da, es wird auch gemacht! Das ist die Gefahr an der heutigen Zeit, daß sowohl die Würde des Menschen als auch die Freiheit in unserer Demokratie technisch und wissenschaftlich überholt werden und plötzlich gar nicht mehr vorhanden sind. Und alles wird mit vielen Rechtfertigungen begründet: wegen terroristischer Anschläge, wegen Effizienz, wegen Gesundheitsmaßnahmen, genetisch bedingten Krankheiten usw. Alle stellen Bilanzen auf, aber das ist ein ökonomisches Denken und macht den Menschen zur Ware.

Wegweisend ist hier ein Urteil des Bundesverfassungsgerichts. Ein gefaßter Verbrecher hatte einen Jungen entführt, den er versteckt hatte und der in Lebensgefahr schwebte. Nach vielerlei vergeblichen Versuchen, den Aufenthaltsort des Jungen herauszufinden, bedrohte der verhörende Vize-Polizeichef den Entführer mit Folter. Der Entführer verklagte – dreisterweise, wie ich finde – den Polizisten wegen Verletzung seiner Menschenwürde. Und das BVG gab ihm recht.

Die Drohung mit Folter ist ein klarer Verstoß gegen die Menschenwürde, die unantastbar ist. Man kann hier nicht die Bilanz aufmachen: der Polizist ist ein ehrbarer Mann, der andere aber ein Verbrecher; der Polizist will nichts für sich, er will nur ein unschuldiges Leben retten; der Entführer nimmt den Tod des Kindes gewissenlos in Kauf. Der Polizist wollte ihn in Wirklichkeit gar nicht foltern, er wollte ihn mit der Folterdrohung nur zum Reden bringen, während der Mann weiter grausam schwieg. Doch alle diese Erwägungen ändern nichts daran, daß die Folterdrohung eine Verletzung der Menschenwürde des Verbrechers ist. Auch die Erwägung, daß der Verbrecher durch die Entführung, sein Schweigen und den Tod des Kindes seine eigene Menschenwürde vor sich selbst schwer beschädigt hat, tut hier nichts zur Sache.

### Menschenwürde als Leitstern jeder Politik

Ich sehe in diesem Lande weder in den Medien noch in der Politik noch in der Wirtschaft ein ernsthaftes Nachdenken über die Menschenwürde, sondern praktisch nur noch beim Bundesverfassungsgericht. Und dafür bin ich ihm von Herzen dankbar. Dies ist für mich die wichtigste staatliche Institution, die wir nach dem Krieg aufgebaut haben. Dieses Gericht verbietet eine Politik, die gegen die Menschenwürde gerichtet ist. Freisprüche wie in Amerika, wo ein Weißer einen jungen waffenlosen Afroamerikaner über den Haufen schoß, weil er sich von dem Jungen bedroht fühlte, sind bei uns noch nicht denkbar. Und die Politik hat sich nach den Urteilen des Bundesverfassungsgerichtes zu richten – Gott sei Dank!

**W.W.:** Die Würde des Menschen kann niemandem genommen werden, weil sie nach der Ordnung des Grundgesetzes den Menschen durch deren bloße Existenz eigen ist. Wohl aber kann der Achtungsanspruch verletzt werden, den jeder einzelne als Rechtspersönlichkeit hat. Dabei geht es z.B. darum, daß der Staat alles zu unterlassen hat, was die Menschenwürde beeinträchtigen könnte. Kannst du diesen Achtungsanspruch ein wenig verdeutlichen?

**M. Engelhard:** Dabei geht es um Aspekte, um Betrachtungsseiten dessen, was die Würde ist. Der Achtungsanspruch ist der Anspruch, jeden anderen Menschen, was und wer er auch sei, unter dem Gesichtspunkt seiner Würde zu behandeln. Die Achtung ist die Anerkennung der Würde. Und selbst wenn es um einen Mörder geht, fordert der Begriff der Menschenwürde mich auf, seine Würde zu achten und zu akzeptieren. Es handelt sich also um einen Anspruch unserer Sicht der Welt und des Menschen und seiner Stellung gegenüber dem Nächsten. Und dagegen dürfen wir nicht verstoßen. Daß dies staatlich, als oberster Grundsatz unseres Staates, geregelt ist, ist wunderbar. Wenn es irgend etwas gibt, worüber ich glücklich bin, dann ist es dieser erste Satz im Grundgesetz, der dort als Grundlage unseres Staates steht. Damit wird er zu einem Leitsatz jeder Politik. Und da ist die Formel

*„ist unantastbar"* nicht nur ein Gebot, sondern ein verfassungsrechtlich unumstößliches Faktum. Als solches müssen wir es anerkennen, wenn wir den Frieden nach innen und nach außen wollen.

### Menschenunwürdige Arbeitsbedingungen

**W.W.:** Wenn wir jetzt allerdings in die Welt schauen, so ist es mit der Würde des Menschen schlecht bestellt. Allgemein kann man sehen, daß der Mensch immer mehr zur Ware wird, einer industrialisierten Umwelt ausgesetzt wird, zum Produkt der industriellen Gestaltung des Lebens selbst wird, und seine biologische Ausgestaltung richtet sich immer mehr nach ökonomischen Verwertungsinteressen. Wo auch immer man hinschaut, die Menschenwürde wird mit Füßen getreten – sei es in kriegerischen Auseinandersetzungen wie in Syrien, durch das Killen mit Drohnen, durch Folter und Sklaverei, dadurch, daß Menschen gegen ihren Willen als Organlieferanten mißbraucht werden, durch die menschenunwürdigen Arbeitsbedingungen in Billiglohnländern und vieles mehr. Man hat den Eindruck, als hätte die Menschheit in den letzten Jahrzehnten nicht viel gelernt und die Menschenwürde nicht zum Maßstab ihres Handelns gemacht. Wie siehst du dies?

**M. Engelhard:** Die überblickbare Weltgeschichte zeigt uns, daß die Zeiten immer entsetzlich waren, sind und sein werden. Christus wußte, daß die Menschheitsgeschichte so läuft. Es wird also ständig den Kampf um die Menschenwürde geben. Aber es gibt immer wieder herrliche Zeugen der Menschenwürde.

Wenn man in die heutige Welt schaut, muß man feststellen, daß es eine unübersehbare Diskrepanz zwischen der Realität und dem Artikel 1 des Grundgesetzes gibt. Und dieser Graben dazwischen wird immer größer. Der Ozean, der zwischen diesem wunderbaren Satz und der Realität liegt, ist fast grenzenlos.

Nichts hat mich in der letzten Zeit so tief erschüttert und beschämt wie der Zusammenbruch der Fabrik in Bangladesh mit ihren Hunderten von Toten. Ich habe mir viele Fernsehsendungen zu diesem Thema angeschaut, die Diskussionen mit Vertretern der Wirtschaft, und ich habe mich wirklich an den Kopf gefaßt. Die Türen der Fabrik waren bei diesem entsetzlichen Unglück verschlossen, die Menschen konnten nicht raus. Die Türen waren mit Waren vollgestopft und fingen zuerst Feuer – und dann brach das ganze Haus zusammen, und über 300 Näherinnen starben.

Kurz danach hat ein guter Journalist im Fernsehen eine Sendung zu diesem Thema gebracht, indem er die ganzen Schweinereien dort aufdeckte und dann zu einer anderen Firma gegangen ist, die die gleichen Produkte herstellt, aber höhere Löhne zahlt. Dort gibt es auch geregelte Arbeitszeiten, geregelten Urlaub, funktionierende Gesundheits- und Sicherheitsmaßnahmen, und sie haben sogar um die Fabrik Parkanlagen, in denen die Arbeiterinnen sich erholen können. Das kostet natürlich Geld. Und so kann diese Firma ihre Produkte in dem unendlich armen Bangladesh nur zu Preisen absetzen, die höher liegen als die Preise, die von uns verlangt werden. Wohlgemerkt: Es handelt sich um Preisunterschiede von einem bis zwei Dollar! Aber das ist unseren Handelsherren zu teuer.

Der Westen verhandelt *nur* mit den Anbietern, die die billigsten Angebote machen, und die können nur von Verbrechern gemacht werden, die alle Kosten, die eine menschenwürdige Behandlung der Arbeiterinnen erfordern, bewußt einsparen. Mit anständigen Firmen, die es ganz offenbar auch gibt, treten unsere Handelsherren gar nicht in Kontakt. Das ist unglaublich empörend! Warum können wir unsere Jeans und T-Shirts nicht zu dem Preis kaufen, den die armen Menschen in Bangladesh bezahlen? Die Lösung des Problems ist in Wirklichkeit ganz einfach: Man schließt nur Verträge mit Unternehmen ab, die ihre Angestellten anständig behandeln. Und davon kann man sich durch Augenschein überzeugen. Aber eine solche Lösung wird in den Vorstandsetagen unserer Handelsketten mit Sicherheit noch nicht einmal erwogen. Diese Leute verhandeln nur mit Menschen, die gleichen Geistes wie sie selber sind. Und deswegen halte ich sie, wie ihre Bangladesh-Partner, für Mörder.

Zu den Medien: Was mich an ihnen so oft empört, ist nicht das, was sie sagen, sondern das, was sie nicht sagen und fragen. Da sitzen in den Talkshows die Wirtschaftsvertreter und erklären, daß sich ihre Partner natürlich vertraglich verpflichtet hätten, alle gesetzlichen Vorschriften einzuhalten. Aber sie, die Unschuldslämmer, können das natürlich nicht durchsetzen. Das sei Sache des Staates Bangladesh. Als ich diese Argumentation unwidersprochen hörte, wurde mir übel. Kein Medienvertreter fragte: *„Habt ihr euch diese Fabrik einmal angesehen? Da muß euch doch schlecht geworden sein. Oder habt ihr sie euch nicht angesehen? Warum nicht? Warum arbeitet ihr nicht mit Firmen zusammen, die ihre Arbeiterinnen anständig behandeln? Denn wenn man nur noch mit den Firmen Verträge abschließt, die ihre Angestellten menschenwürdig behandeln, ist das Problem doch gelöst. Was halten Sie von einer solchen Lösung?"*

All das ist so empörend, daß ich eigentlich in einer solchen Welt nicht leben möchte!

# Frieden und Menschenwürde hängen eng miteinander zusammen

**W.W.:** Ist Würde zeitlos?

**M. Engelhard:** Ja.

**W.W.:** Inwiefern sollte man alles daraufhin überprüfen, ob die Würde des Menschen angetastet wird?

**M. Engelhard:** Es gibt keinen anderen Maßstab, der unserem Menschsein so gerecht wird wie die Menschenwürde.

**W.W.:** Könnte etwas notwendig entstehen und gleichzeitig richtig sein, das die Würde des Menschen antastet?

**M. Engelhard:** Nein.

**W.W.:** Kann man in den letzten 70 Jahren nach dem Faschismus von einer langsamen Entwicklung zum Positiven sprechen, und zwar weltweit, oder läuft es wieder in eine gegenteilige Richtung? Oder muß man vielmehr jedes Land, letztlich jedes Individuum in bezug auf die Achtung der Würde anderer einzeln betrachten?

**M. Engelhard:** Die Achtung der Menschenwürde hängt sehr eng mit dem Frieden zusammen. Der Fortschritt Europas ist am klarsten und deutlichsten darin zu sehen, daß seit 1945 im größten Teil Europas Frieden herrscht. Das ist nur möglich unter einer größeren Beachtung der Menschenwürde. Frieden und Menschenwürde hängen ganz eng miteinander zusammen. Dieser Frieden ist der sicherste Deich gegen eine Renationalisierung unseres Kontinents. Aber wir müssen aufpassen. In Ungarn und der Ukraine deuten sich Entwicklungen an, die mich sehr besorgt machen. Die Wirtschafts- und Finanzkrise hat Prozesse in Gang gesetzt, die mich erschrecken. Wir sprechen in Europa über unsere Nationen in einem Ton, der zunehmend die nationale Würde verletzt. Es gibt auf der ganzen Welt keine einzige unwürdige Nation. Es gibt nur miserable Regierungen.

Europa ist natürlich nur ein kleiner Teil der Welt, und wir haben zuvörderst die Pflicht, bei uns Ordnung zu schaffen. Die erste Aufgabe des deutschen Staates ist es, dafür zu sorgen, daß in diesem Lande die Menschenwürde geachtet wird, dann, daß die Menschenwürde in Europa geachtet wird, und dann müssen wir uns darum bemühen, daß sie in der ganzen Welt geachtet wird. Aber darauf haben wir aufgrund unserer beschränkten Mittel nur einen sehr geringen Einfluß. Doch dafür sollten wir uns einsetzen. Überall dort, wo die Menschenwürde geachtet wird, ist auch der Frieden sicherer. Wir werden den Frieden in der Welt nur erreichen, wenn wir überall die Achtung der Menschenwürde durchsetzen. Viele glauben, daß es mit der Durchsetzung der Menschenrechte getan sei. Aber die sind im Vergleich zur Menschenwürde sekundär. Wir müssen den Frieden auf der Menschenwürde aufbauen. Wir müssen einem Herrn Erdogan sagen, daß er die Menschenwürde nicht achtet. Denn wenn er seine Bürger als Gesindel bezeichnet, ist damit bewiesen, daß er die Würde des Menschen nicht achtet. In weiten Teilen dieser Welt ist noch unbekannt, daß der Frau die völlig gleiche Menschenwürde zukommt wie dem Mann. Das ist der Grund, weshalb sie gleiche Rechte hat. In manchen Ländern werden neugeborene Mädchen noch getötet, weil man z.b. ihre Hochzeit nicht bezahlen kann oder auch, weil man glaubt, sie sei einfach weniger wert als ein Junge. Dergleichen zu ändern ist eine Menschheitsaufgabe.

Leider ist es so, daß die Menschenwürde nur ein schönes Wort ist, das meistens als Sahnehäubchen der Menschenrechte gilt. Aber so sollte es nicht sein, denn es geht um die Haltung des Menschen zum Menschen, die hier geregelt werden muß und soll, und zwar durch das Faktum der Menschenwürde.

### Ich vergehe mich nicht gegen meine Würde!

**W.W.**: Oftmals ist es ja so, daß Menschen unwürdig behandelt werden, wenn sie aus der Norm fallen – weil sie behindert, krank oder alt sind, weil sie arm sind, einer anderen Volksgruppe angehören, Asylsuchende sind und vieles mehr. Was führt dazu, daß viele Menschen nicht in der Lage sind, einem Menschen, der anders als man selbst oder die Mehrheit ist, die gleiche Würde zuzumessen wie z.B. einem Familienmitglied oder gar einem Idol?

**M. Engelhard:** Wenn du dir die großen geistigen Führer der Menschheit anschaust, wirst du feststellen, daß sie dies als das Grundübel des Menschen überhaupt angesehen haben: den mangelnden Respekt vor dem anderen. Wenn der griechische Dichter Aischylos in seiner Tragödie *Die Perser* über die Perser, die Todfeinde der Griechen, schreibt, dann werden die Perser mit der gleichen Achtung behandelt wie die eigenen Helden. Vom spanischen Dichter Pedro Calderón de la Barca werden die Araber mit dem gleichen Respekt behandelt wie die eigenen Ritter. Und Goethe rühmt in seinem *West-östlichen Diwan* Hafis, den persischen Dichter, mit grenzenloser Bewunderung.

Ich habe gerade in Dresden einen Vortrag über die orientalische Dichtung Puschkins gehalten. Der Koran wurde von Puschkin tief verehrt, u.a. auch als grandiose Dichtung:

*Die Erde ruht – des Himmels Hallen*
*Hältst, Schöpfer, du in deiner Hand,*
*Daß sie nicht auf uns niederfallen*
*Und nicht zermalmen Meer und Land.*

Anmerkung Puschkins: *„Schlechte Physik, aber was für eine Poesie!"*
Es ist die tiefe Bewunderung des grandiosen Dichters Puschkin für
die grandiose Poesie Mohammeds. Das ist Anerkennung des anderen.
Und auch Goethe sagte einmal: *„Wenn ihr einander schon nicht lieben*
*könnt, dann laßt einander wenigstens gelten."* Das wäre eine Grundlage
des Verhältnisses der Menschen und der Völker untereinander.
Natürlich ist das Hauptgebot Christi die Liebe. Aber das richtige
Verhalten des Menschen zum andern beinhaltet die Anerkenntnis
seiner Menschenwürde. Man braucht den anderen ja nicht zu lieben.
Aber man sollte sich so verhalten, wie man sich verhalten würde,
wenn man ihn lieben würde. Dann liegt man immer richtig. Es gibt so
viele große Geister, die uns in diese Richtung weisen. *Sie* sollten das
Zentrum unseres Bildungssystems bilden. Je mehr wir diese Richtung
einhalten, je näher wir dem Ziel kommen, desto besser sind wir. Und
desto sinnvoller leben wir. Goethe sagt in seinem Gedicht *Elemente*:

*Dann zuletzt ist unerläßlich,*
*Daß der Dichter manches hasse;*
*Was unleidlich ist und häßlich,*
*Nicht wie Schönes leben lasse.*

Gegen menschenunwürdiges Verhalten muß man kämpfen. Das ist
ein Kampf, der sich immer lohnt.

### Die unendliche Lügerei und Heuchelei fast aller Menschen

**W.W.:** Ist es der Egoismus vieler Menschen, die Dummheit, das Böse
im Menschen, die Bequemlichkeit oder auch die etwas schwierig zu
fassende Seinsbestimmung der Würde, daß Menschen oftmals so
ungeheuer grausam und unwürdig mit anderen Menschen umgehen?
**M. Engelhard:** Meines Erachtens hängt dies mit der totalen Öko-
nomisierung des Denkens zusammen, die wiederum eine Folge der
totalen Rationalisierung des Denkens ist. Wahr ist nur noch das, was
wissenschaftlich wahr ist. Aber die Wahrheit des wahren Lebens, die

Wahrheit der Liebe, die Wahrheit des Faktums der Menschenwürde, die man nirgendwo wissenschaftlich beweisen kann, spielen heutzutage eine immer geringere Rolle. Es spielt nur noch eine Rolle, was sich messen und wiegen läßt und was einen Preis hat. Eine solche Einstellung verändert das Verhalten der Menschen zu den angesprochenen Werten. Vielleicht redet man noch in Sonntagsreden von der Menschenwürde, aber dann geht man aus der Kirche oder dem Parlament heraus und unterstützt die oben angesprochenen Textilbranchen in den Billiglohnländern. Wieso können wir im deutschen Parlament keine Gesetze erlassen, die es verbieten, daß deutsche Firmen mit solchen Firmen Handel treiben, die die Menschen auf diese schamlose Weise ausbeuten? Bevor man einen solchen Vertrag mit diesen Firmen schließt, sollte nachgeprüft und sichergestellt sein, daß die Angestellten menschenwürdig behandelt werden. Solche Gesetze gibt es nicht, weil die Wirtschaft sich dagegen wehrt; eine Wirtschaft, die uns glauben machen will, daß die Beachtung der Menschenwürde unsere Arbeitsplätze vernichte. Mit dem gleichen Argument wehrt sie sich gegen den Mindestlohn. Aber die Freiheit der Wirtschaft findet ihre unübersteigbare Grenze in der Menschenwürde, die nicht angetastet werden darf. Und dafür sollte und müßte der Staat sorgen. Aber er tut es nicht. Denn diese Wirtschaft spendet u.a. die Gelder für die Wahlkämpfe. Die Gesetze, die festlegen, was im Hinblick auf die Menschenwürde vertretbar ist, werden von der Wirtschaft mitbestimmt, oft sogar formuliert.

**W.W.:** Aber ist es nicht auch der Mensch als solcher, der vielfach mehr in eine Richtung geht, in der er die Achtung vor der Menschenwürde verliert?

**M. Engelhard:** Selbstverständlich, aber das liegt an der falschen Erziehung. Wir werden immer mehr zur funktionierenden Nummer in dieser Wirtschaft erzogen. Nur noch derjenige Mensch ist etwas wert, der in diesem System funktioniert. Im Auswärtigen Amt wurden alle diejenigen strafversetzt, die auf Fehler in der Außenpolitik aufmerksam machten. Diejenigen, die den Unsinn der Regierung mitmachten, wurden befördert. Aber ein gewisser Mindeststandard der Menschenrechte wird selbstverständlich in Deutschland gewahrt, wofür ja auch das Bundesverfassungsgericht sorgt. Und man kann ja nicht abstreiten, daß hier bei uns die Menschenrechte mehr gewahrt werden als z.B. in China oder in Nordkorea.

Es gibt ja auch Fortschritte. Der deutlichste ist bei der Stellung der Homosexuellen in der Gesellschaft zu beobachten. Ich hätte noch vor 20 Jahren nicht geglaubt, daß zu meinen Lebzeiten der homosexuellen

Papst Franziskus (Ausschnitt)

Liebe die gleichen Rechte eingeräumt werden wie der heterosexuellen – übrigens wiederum unter der weisen Leitung des BVG. Papst Franziskus hat vor kurzem dem Sinn nach gesagt: Wer bin ich, daß ich Homosexuelle verurteilen dürfte? Homosexuelle Liebespraktiken wird er weiter Sünde nennen. Aber hat die Kirche bislang nicht die Homosexuellen wegen ihrer Veranlagung verurteilt? Dieser Mann hat ein christliches Gespür dafür, daß damit gegen die Menschenwürde der Homosexuellen verstoßen wurde.

Ich bin ein Bewunderer Michelangelos, der ein Homosexueller und zugleich ein tief religiöser Mensch war. Schon in meiner Jugend habe ich gesagt: Ich werde mich als Katholik erst wohlfühlen, wenn Michelangelo mindestens selig gesprochen wird.

**W.W.:** Trotzdem ist der einzelne Mensch immer weniger in der Lage, die Würde zu fühlen oder zu erkennen, auch seine eigene. Die Geiz-ist-geil-Mentalität auf Kosten anderer, die Abhängigkeit von Kommunikationsmedien und das Zur-Schau-Stellen des Privatlebens in öffentlichen Blogs bzw. sozialen Netzwerken sind auch Formen, in denen viele Menschen zunehmend die eigene Würde verlieren und dies nicht einmal bemerken.

**M. Engelhard:** Auch das hängt mit unserem Bildungssystem zusammen. Unser ganzes Bildungssystem liegt falsch, weil es zunehmend auf das Meßbare ausgerichtet ist, auf das Lenkbare, und damit geht das Unmeßbare verloren, verflüchtigt sich. Aber darauf beruht die Humanität. Wenn Iphigenie zu Thoas sagt: *„Zwischen uns sei Wahrheit"*, dann bedeutet dies in ihrer Lage: *„Ich lüge nicht, auch wenn ich mit der Wahrheit mein eigenes Leben gefährde."* Solch ein Satz strahlt Menschenwürde aus.

Was mich an der heutigen Zeit so unendlich stört, ist die unendliche Lügerei und Heuchelei so vieler Menschen. Wie viele Menschen werden heute diskriminiert, und Diskriminierung ist immer ein Angriff auf die Menschenwürde. Das können Angriffe auf die Gleichgeschlechtlichkeit, auf die Hautfarbe oder auf die Herkunft aus einer anderen Nation sein – es ist immer ein Angriff auf die Menschenwürde. Die Art und Weise, wie wir in diesem Land Asylanten behandeln, macht mich krank. Wie wir die Sinti und Roma behandeln, macht mich krank. Wir müssen unseren Kindern wieder beibringen, was die wirklichen Werte des Menschen sind und wie man wirklich mit- und untereinander leben kann. Und das Leben ist sehr viel schöner, wenn man auf diese Weise miteinander lebt.

### Auch die Freude am Töten steckt im Menschen

**W.W.:** Was ist es für ein Zug im Menschen, wenn er nicht mehr in der Lage ist, auch einem Tier, einer Pflanze bzw. der ganzen Erde und der Schöpfung die Würde zukommen zu lassen, die ihnen gebührt, und sie statt dessen gnaden- und rücksichtslos zerstört, tötet oder ausbeutet?

© gemeinfrei · Max Halberstadt[LIFE Photo Archive]

Sigmund Freud (1922)

**M. Engelhard:** Es gibt die Erkenntnis Sigmund Freuds, daß es neben dem Geschlechtstrieb auch den Tötungstrieb gibt. Das kann ich nur sehr schwer in meine Anthropologie einbeziehen, aber es scheint so zu sein. In jedem Krieg verliert der Mensch seine Kontrolle über sich selbst. Wenn die amerikanischen Soldaten während des Vietnamkriegs mit Köpfen der Nordvietnamesen Fußball spielen, wenn ich an Abu Ghraib denke usw., dann sinkt der Mensch auf eine Stufe, die so entsetzlich ist, daß einen ein Schauder packt. Leider muß man feststellen, daß es in solchen extremen Situationen eine orgiastische Freude am Quälen und Töten gibt. KZ-Häftlinge berichten in ihren Erinnerungen Furchtbares. Es ist grauenvoll, daß diese Eigenschaften neben der Liebe auch im Menschen sind, aber es scheint ein Faktum zu sein. Das sollte man nie vergessen.

Eigentlich machen fast alle Menschen bei der von dir angesprochenen Naturzerstörung mit. Es ist ein ganz einfaches Gesetz, daß Wasser Platz braucht. Und je mehr man die Flüsse begradigt und einzwängt, desto schneller fließt das Wasser und steigt über die Deiche. Diese Zusammenhänge sind kein Geheimnis, es sind ganz auf der Hand liegende Dinge. Die Menschen sind bei Flutkatastrophen also nicht Opfer irgendwelcher geheimnisvollen Mächte, sondern sie verstoßen gegen elementare Gesetze der Natur, nehmen auf sie keine Rücksicht mehr. Ich habe einmal den Vierzeiler gemacht:

*Wenn wir die Natur verletzen,*
*Ist es unser eigner Schade,*
*Denn sie folgt Naturgesetzen,*
*Und die kennen keine Gnade.*

Es geht bei deiner Frage also eigentlich nur um die Nichtbeachtung von Naturgesetzen, die bekannt sind. Hier werden die Gier, die manchmal sehr schlau sein kann, und die Dummheit eins.

### Unwürdiges Geschöpf

**W.W.:** Wie ist es zu beurteilen, wenn in einer christlichen Messe von Menschen als von einem *„unwürdigen Geschöpf"* gesprochen wird?

**M. Engelhard:** Das ist einfach Unsinn. Diese Passage ist auf eine Weise unchristlich, daß mir der Atem stockt. Kein Mensch kann seiner Würde beraubt werden. Diese Würde ist ein von der Person völlig unabhängiges Faktum des Menschseins. Diese Passage hat in etwa das gleiche Niveau wie der von vielen amerikanischen Geistlichen jahrhundertelang verkündigte Glaube, daß der liebe Gott selber die schwarzen Afrikaner zum Sklaventum verurteilt habe. Und so gehorchte man ja nur dem Willen des Herrn, wenn man nach bestem christlichem Gewissen in größtem Maßstab die Sklaverei betrieb. So kämpfte man dort in einem sehr blutigen Bürgerkrieg um das heilige Menschenrecht, dunkelhäutige Menschen als Sklaven zu halten. Und daß dies dem Willen des Herrn entsprach, war schon daran zu sehen, daß er die Sklavenhalterei mit Reichtum und Wohlleben segnete und belohnte. Es gibt ja kaum eine Schändlichkeit, die nicht im Namen Jesu Christi begangen wurde.

Ein anderes Beispiel: Ein sizilianischer Priester verweigerte einem geistig behinderten Kind die Kommunion mit der Begründung, die Hostie sei keine Schokolade. Als ich das las, habe ich vor Wut vier Wochen nicht schlafen können. Wie man Christus so verraten kann, ist mir rätselhaft. Lasset die Kindlein zu mir kommen, denn ihrer ist das Himmelreich. Selig sind die Armen im Geiste. Wo will Jesus lieber wohnen als in der vollkommen reinen Seele eines behinderten Kindes.

**W.W.:** Besagt dieses Adjektiv „unwürdig", daß der Mensch zu hundert Prozent unwürdig ist? Wie stehst du dazu?

**M. Engelhard:** Ja. Ich hasse diese Aussage von ganzem Herzen. Auf diese Lehre hat die Kirche viele Jahrhunderte lang ihren Machtanspruch über die Seelen begründet. Denn wenn der Mensch tatsächlich zu hundert Prozent unwürdig ist, dann braucht er unausweichlich den Mittler, die Kirche, um ins Himmelreich zu kommen. Natürlich gibt es keinen Menschen, der zu hundert Prozent seine Menschenwürde verwirklicht. Aber einige wenige haben es auf diesem Wege ziemlich weit gebracht, der Jude Korczak z.b. Er brauchte weder Papst noch Priester, noch nicht einmal Jesus Christus, um ein wunderbarer, verehrungswürdiger Mensch zu sein. Unwürdig? Daß ich nicht lache! Da fällt mir ein, daß Goethe immer wütend wurde, wenn die Rede auf die Erbsünde kam. Für ihn war dieser Begriff eine Beschmutzung des Menschen. Der Mensch ist weder gut noch böse, aber er ist nicht von Natur aus beschmutzt, sondern er ist im Grunde ein reines und herrliches Wesen, das der Liebe und des Guten fähig ist.

Und wenn Jesus uns auffordert, so vollkommen zu sein, wie unser Vater im Himmel vollkommen ist, so traut er uns das im Prinzip offenbar zu. Ein zu hundert Prozent unwürdiges Geschöpf soll vollkommen sein wie unser Vater im Himmel? Das ist Unsinn.

### „Ich fühle mich schuldig!"

Die Frage der Menschenwürde kann zum einen von der philosophischen Seite betrachtet werden, zweitens von der theologischen. Beides halte ich für falsch.

**W.W.:** Warum?

**M. Engelhard:** Weil es hier ständig Einschränkungen gibt. Denn so, wie ich die Menschenwürde definiere, kann diese Würde niemals eingeschränkt werden. Die Grundrechte des Menschen sind ein säkularer Ausfluß der Menschenwürde, sie können auch zum Schutz der Menschen eingeschränkt werden. Aber das hat mit der Würde z.B. eines Verbrechers überhaupt nichts zu tun. Und ich bin ganz froh darüber, daß unser Bundesverfassungsgericht dies ganz klar sieht.

**W.W.:** In welcher Form, in welcher Weise hast du die Würde beim Schreiben der Entwürfe für Bundespräsidenten-Reden thematisiert?

**M. Engelhard:** Zunächst stelle ich fest, daß es in den 64 Jahren Bundesrepublik keine einzige nachdenkenswerte Rede unserer höchsten Verfassungsorgane zum Thema Menschenwürde, dem zentralen Wert unserer Verfassung, gibt. Das gibt doch zu denken. Offenbar scheut man sich davor. Ein Redenschreiber kann nicht bestimmen, worüber geredet wird. Darüber entscheiden die Redegelegenheiten und natürlich die Verfassungsorgane selbst. Offenbar haben diese, seltsamerweise, noch keine Gelegenheit gefunden, über die Menschenwürde öffentlich nachzudenken. Deshalb bin ich ja auch so froh,

Hanns Martin Schleyer (1973)

Walter Scheel
(als Bundespräsident 1974)

daß ich einen Teil meiner Gedanken zu diesem Thema in diesem Interview artikulieren kann.

So blieb mir bei meinen Reden-Entwürfen nichts anderes übrig, als jedes Wort an meiner Auffassung von der Menschenwürde zu messen und zu prüfen. Am klarsten konnte ich das in meinem Entwurf zur Rede von Bundespräsident Walter Scheel beim Staatsakt für den ermordeten Hanns Martin Schleyer tun.

Hanns Martin Schleyer war ein Mensch, und er ist ermordet worden, weil bestimmte Forderungen der Terroristen an den Staat, die die Terroristen zu weiteren Untaten ermutigt hätten, nicht erfüllt wurden. War die Regierung nun mitschuldig am Tod Schleyers oder nicht? Ich war der Auffassung, daß sie mitschuldig war. Die Entscheidung der Regierung, so verständlich sie war, war Mitursache von Schleyers Tod. Auch sein Leben war ein unendlicher Wert.

Ich war immer der Auffassung, daß es zuweilen die entsetzliche Pflicht eines Politikers ist, schuldig zu werden und diese Schuld für alle auf sich zu nehmen. Deswegen habe ich in meinen Entwurf den Satz hineingeschrieben: *„Im Namen aller deutschen Bürger bitte ich Sie, die Angehörigen von Hanns Martin Schleyer, um Vergebung."* Um Vergebung kann man nur bitten, wenn man schuldig ist. Die Entscheidung der Regierung wurde im Namen aller deutschen Bürger getroffen. Ich habe um diesen Satz sehr kämpfen müssen. Aber der Bundespräsident und der Bundeskanzler Helmut Schmidt haben ihn stehenlassen – für mich ein Zeichen und Beweis dafür, daß beide den Gedanken der Menschenwürde zu Ende gedacht haben.

Als der mittlerweile uralte Helmut Schmidt in einem Fernsehinterview gefragt wurde, ob er sich denn auch heute noch wegen seiner

Helmut Schmidt (1969)

damaligen Entscheidung schuldig fühle, antwortete er ganz schlicht: *„Ja."* Das hat mich sehr bewegt. Einen solchen Mann kann ich ehren und achten.

**W.W.:** Kannst du noch ein wenig darüber berichten, wie du die Würde in diese Rede integriert hast?

**M. Engelhard:** Das ist nun fast 40 Jahre her, also schon historisch. Und so glaube ich, daß man heute darüber reden kann, zumal sich die Hauptakteure, Präsident und Kanzler, dabei so vorbildlich verhalten haben. Für mich ging es dabei um Spitz auf Knopf. Ich hatte damals einen Kampf mit dem durchaus von mir sehr verehrten Staatssekretär im Bundespräsidialamt, Paul Frank, auszufechten, der den Vergebungssatz strikt ablehnte. Er telefonierte mehrmals mit dem Bundespräsidenten, um ihn davon abzubringen. Bundespräsident Scheel befand sich damals zur Erholung im Schwarzwald.

Ich mußte diese Rede von Freitagabend bis Sonntagabend entwerfen. Zunächst hatte man der Familie Schleyer den Ministerpräsidenten von Baden-Württemberg, Filbinger, vorgeschlagen, diese Rede zu halten, aber das lehnte die Familie Schleyer ab. Sie wollten nicht, daß der ehemalige Marinerichter diese Rede hielt. Dann schlug man Helmut Schmidt vor, aber hier lehnte die Familie Schleyer ebenfalls ab, weil man in ihm den Verantwortlichen für den Tod des Ehemanns bzw. des Vaters sah. Da blieb also nur noch der Bundespräsident übrig. Und ich bekam am besagten Freitagnachmittag den Auftrag, diese Rede zu entwerfen.

Am Dienstag sollte sie beim Staatsakt in Stuttgart gehalten werden, und ich fuhr am Montag mit dem Entwurf zum Bundespräsidenten in den Schwarzwald. Der Bundespräsident sagte: *„Dieser Satz bleibt stehen."* Frank rief mich an, erzählte mir das Ergebnis aus dem Gespräch mit dem Bundespräsidenten, fügte aber noch hinzu, daß wir diese Rede auch noch dem Bundeskanzler vorlegen müßten. Vielleicht hoffte er, daß Helmut Schmidt den Satz ablehnen würde.

**W.W.:** Und Helmut Schmidt stimmte zu?

**M. Engelhard:** Er setzte irgendwo mit grüner Tinte ein Komma ein und beließ also den Satz so, wie ich ihn formuliert hatte. Und dann gab es den Film *Der deutsche Herbst.* In diesem Film wurde Walter Scheel, diesen Satz sprechend, zentral in den Film integriert. Und dieser Film kam aus dem linken Spektrum und zeigte mir zugleich, daß dieser Satz als Zeichen empfunden wurde, und zwar durchgehend in der gesamten Bevölkerung. Dieser Satz hat in jener unruhigen Zeit des RAF-Terrorismus über alle Parteigrenzen hinweg viel zum inneren Frieden beigetragen

**W.W.:** Was empfindest du dabei, daß du diesen Satz verfaßt hast und er von den damaligen Politikern übernommen worden ist und auch ansonsten in die Gesellschaft eingeträufelt ist?

**M. Engelhard:** Das ist mein Beitrag zum Nachdenken über die Menschenwürde gewesen. Ich kenne im übrigen niemanden, der diesen Satz bei dieser Gelegenheit gedacht und den Mut gehabt hätte, ihn vorzuschlagen. Der Satz hat die Menschen damals sehr ergriffen. Und das müssen wahre Sätze tun. Das ist ein Kennzeichen wahrer Sätze, daß sie den Menschen aufgrund ihrer Wahrheit ergreifen. Es kam mir darauf an, wahrhaftig zu sein. Ein wahrhaftiger Staat – das ist mein Ideal!

### Eine menschliche Gemeinschaft gründet auf dem Glauben an einen von ihr anerkannten höchsten Wert

**W.W.:** Vielleicht sollten wir noch ein wenig genauer auf den Artikel 1 unserer Verfassung, Satz 1 und Satz 2, eingehen. Was bedeutet die Unantastbarkeit der Würde?

**M. Engelhard:** *„Die Würde des Menschen ist unantastbar. Sie zu achten und zu schützen ist Verpflichtung aller staatlichen Gewalt"*, d.h. der Legislative, der Exekutive und der Judikative. Die Würde *„ist unantastbar"*. Antasten ist die leise, vorsichtige Berührung eines Gegenstands mit den Händen, um seine Existenz, seine Form oder Beschaffenheit zu erkunden. „Unantastbar" ist, metaphorisch, in genau diesem Sinne gemeint. Das heißt zunächst, eine Diskussion darüber, ob es eine Würde des Menschen überhaupt gibt, verbietet sich unser Staat. Über alles in der Welt kann man bei uns streiten, nicht aber über die Würde des Menschen.

Nun gibt es durchaus recht kluge Menschen, die, mit guten Gründen, den Menschen für eine höchst problematische Kreatur halten, der keinerlei Würde zukomme. Dieser Meinung können diese Menschen durchaus sein, aber das interessiert unsere Verfassung nicht. Sie geht davon aus, daß es diese Würde als eine Tatsache gibt und daß jedermann sich bei uns so zu verhalten hat, als ob er daran glaube, daß sie eine Tatsache sei, auch wenn er nicht daran glaubt. Der erste Satz unserer Verfassung mutet uns in unserer wissenschaftlich aufgeklärten Zeit also zu, einen unbeweisbaren *Glauben* als Grundlage unseres säkularen demokratischen Rechtsstaats zu akzeptieren, eines Rechtsstaats, in dem Staat und Religion = Glaube grundsätzlich getrennt sind. Denn die Existenz der Würde des Menschen ist so unbeweisbar wie die Existenz Gottes. Und was es mit der Unbeweisbarkeit der Existenz Gottes auf sich hat, kann man bei Kant nachlesen, dessen Gründe durch die Bank analog auf die Menschenwürde angewendet werden können.

Eine menschliche Gemeinschaft kann aber, davon bin ich überzeugt, überhaupt nur auf ihren Glauben an einen von ihr anerkannten höchsten Wert gründen. Das haben die weisen Väter unserer Verfassung erkannt. Diese Erkenntnis beruhte auf den furchtbaren Erfahrungen der Nazi-Diktatur, in der die Menschenwürde von Juden, Sinti und Roma, Behinderten, Homosexuellen, politisch Andersdenkenden und damit letztlich von jedem Menschen auf grauenvolle Weise mit blutbeschmierten Stiefeln getreten wurde.

Das Wort *unantastbar* taucht in der deutschen Rechtsgeschichte, soweit mir bekannt ist, nur ein einziges Mal vorher auf. Im deutschen Mittelalter galten Person und Stellung des Königs als unantastbar. Und das hatte seinen Grund darin, daß man glaubte, der König sei von Gott persönlich eingesetzt. Dieses „unantastbar" war also eine Folge des zweiten der Zehn Gebote: *„Du sollst den Namen des Herrn, deines Gottes, nicht mißbrauchen."* Die Parallelen zwischen beiden Rechtssätzen scheinen mir auf der Hand zu liegen.

### Ein Volk muß durch die Hölle gegangen sein

Die Menschenwürde gibt es zwar auch in einigen anderen Verfassungen, aber ich weiß nicht, ob es andere demokratische Staaten und Verfassungen gibt, in denen die Menschenwürde diesen ihr zukommenden Rang einnimmt, doch ich halte dies für ziemlich unwahrscheinlich. Ein Volk muß wohl durch die Hölle gegangen sein, um den Eingang zu einer humanen Vernunft zu finden.

### Alle Gesetze sind von Menschen gemacht

Die amerikanische Verfassung gründet ihr Demokratieverständnis auf von Gott verliehene „inalienable rights", also die Menschenrechte. Doch der liebe Gott ist kein Rechtsprofessor. Die Gesetze – *alle* Gesetze – sind von Menschen gemacht und unterliegen dem geschichtlichen Wandel. Und: Die Menschenrechte sind *nicht* unantastbar.

Jedes Menschenrecht kann durch Gesetze eingeschränkt und sogar verwirkt werden. Das elementarste Menschenrecht ist das Recht jedes Menschen auf sein eigenes Leben. Dieses Recht wird von den US-Amerikanern offenbar als ein Menschenrecht angesehen, das man auch verwirken kann. Und so praktizieren sie ja auch die Todesstrafe. Doch das 5. Gebot bestimmt: *„Du sollst nicht töten."* Wie man sich als säkularer Staat einerseits bei den Menschenrechten auf Gott berufen und andererseits so eklatant gegen ein völlig eindeutiges Gebot Gottes verstoßen kann, wird für mich ewig ein Geheimnis bleiben.

Betrachtet man dagegen das Menschenrecht auf Leben als unmittelbare Konsequenz der Würde des Menschen, dann ist das Leben jedes Menschen für den säkularen Staat unantastbar. An diesem Beispiel läßt sich zeigen, daß die leider auch bei uns übliche nahezu automatische Gleichsetzung der Menschenrechte mit der Menschenwürde ein Denkfehler ist.

### Abhörmaßnahmen der NSA

**W.W.:** Wie steht es in diesem Zusammenhang mit der Einschränkung der Privatsphäre und der Menschenwürde durch die ungesetzlichen Abhörmaßnahmen der NSA und die Zulieferungen der anderen Geheimdienste, auch aus Deutschland?

**M. Engelhard:** Ein hübsches Beispiel in diesem Zusammenhang ist der originelle Gedanke unseres gegenwärtigen famosen Innenministers, der im Hinblick auf die NSA-Aktivitäten in unserem Lande meint, daß dem Grundrecht auf Schutz der Privatsphäre ein „Supergrundrecht auf Sicherheit" gegenüberstünde. Ein Supergrundrecht wiegt natürlich schwerer als ein einfaches Grundrecht. Also ist die Einschränkung des Rechts auf Privatsphäre aus seiner Sicht gerechtfertigt. Betrachtet man dagegen das Recht auf Privatsphäre, wie alle Grundrechte, als einen Aspekt der Menschenwürde, ist der Fall sonnenklar: Die Privatsphäre ist unantastbar.

Mit diesen NSA-Aktivitäten beschäftigt sich ein Untersuchungsausschuß des Bundestages, dessen Ergebnisse allerdings voraussehbar denen des Hornberger Schießens gleichen werden.

**W.W.:** Was liegt hier vor?

**M. Engelhard:** Unsere Regierung vermittelt uns das Bild, man habe die Fakten von allen Seiten untersucht, alles sei in Butter, alles geschehe im Rahmen der Gesetze. Aber das glaube ich nicht. Warum nicht? Herr Snowden hat einer anerkannt seriösen Zeitung, dem britischen *Guardian*, Tausende von Dokumenten zur Verfügung gestellt, von denen unsere Regierung noch kein einziges gesehen hat, weil sie ihr von der amerikanischen Regierung nicht vorgelegt worden sind. Mit diesen Dokumenten haben sich ernsthafte Journalisten lange beschäftigt und aus ihnen Schlußfolgerungen gezogen, die sie im *Guardian* veröffentlicht haben. Diese Schlußfolgerungen sind: Die NSA hat alle Daten der ihr zugänglichen Kommunikationswege gespeichert, und zwar nicht nur im eigenen Land, sondern auch in Deutschland und in der übrigen Welt. Dabei werden nicht nur die Meta-Daten – Orte und Zeiten der Kommunikation –, sondern notwendigerweise auch die Inhalte gespeichert. Bei Postsendungen werden die Metadaten gespeichert, auch wenn sie vielleicht nur in Verdachtsfällen geöffnet werden.

So bin ich fest davon überzeugt, daß meine sehr umfangreiche Divan-Korrespondenz mit der großartigen Germanistin Katharina Mommsen, in der es um den Frieden der christlichen mit der islamischen Welt geht, der NSA vollständig vorliegt. Vor ein paar Tagen kam heraus, daß dort ein Deutscher gespeichert ist, der sich journalistisch mit dem Terrorismus auseinandersetzt – *Ein Stück aus dem Tollhaus*, wie der *Bonner Generalanzeiger* seinen Kommentar über diesen Vorgang betitelte.

Kurz und gut: Ich glaube den Schlußfolgerungen des *Guardians*, der über die kopierten Originaldokumente verfügt. Sie mögen in Details unrichtig sein, im großen und ganzen müssen sie stimmen. Sonst hätten verantwortliche Journalisten sie nicht veröffentlicht. Denn deren Aufgabe ist es, die Öffentlichkeit über Rechtsbrüche der Regierungen zu unterrichten. Und ich bin dem Guardian sehr dankbar dafür, daß er es getan hat. Denn all diese Abhörmaßnahmen der NSA verstoßen ganz eindeutig gegen das Sanctissimum unserer Verfassung: die Menschenwürde.

### Große Teile der Weltbevölkerung werden überwacht

Um zu begreifen, um was es hier geht, muß man sich vor Augen halten, daß es heutzutage offenbar technisch möglich ist, einen großen Teil der Weltbevölkerung in allen seinen Lebensbereichen zu kontrollieren und zu überwachen. Ein Knopfdruck: und schon weiß der Herr oder die Dame beim BND oder der NSA, was ich so über Angela Merkel, Herrn Obama oder über den Papst denke. Damit ist das, was wir unter Freiheit verstehen, durch die Geheimdienste technisch abgeschafft.

**W.W.:** Es wird ja behauptet, nur die sicherheitsrelevanten Daten würden gespeichert.

**M. Engelhard:** Das ist Unsinn: Gespeichert wird alles, was den Interessen des eigenen Staates dient, und zwar in allen Lebensbereichen, von der Wirtschaft über die Politik bis hin zur Wissenschaft und Kultur und den Medien. Glaubt man wirklich, daß die NSA nicht an den Entwicklungsarbeiten von Airbus interessiert ist, die eine Gefahr für Boing sein könnten, der Firma, von der die amerikanische Luftwaffe abhängig ist? Die USA haben doch 1954 wegen der Interessen der United Fruit Company die guatemaltekische Regierung gestürzt und wegen des chilenischen Kupfers Salvador Allende am 11. September 1973 in den Tod getrieben und Herrn Pinochet zur Macht verholfen, der dann ja auch unter den Allende-Anhängern gründlich aufgeräumt hat. Die Beispiele ließen sich vermehren.

Im Jahre 1966 oder 1967 fuhr unser AA-Lehrgang nach Pullach, zum BND. Herr Gehlen (Präsident des BND von 1956 bis 1968; Anm. W.W.) empfing uns, und er riet uns: Halten Sie Ihr Privatleben in Ordnung. Alle Geheimdienste der Welt, auch wir, erhalten ihre besten Informationen durch Erpressung mit privaten Verfehlungen.

Nehmen wir an, es gibt in Deutschland ca. 30.000 Personen, die in Schlüsselstellungen in allen für die Geheimdienste interessanten Lebensbereichen sitzen. Diese Personen werden mit Sicherheit von der NSA überwacht. Nehmen wir ferner an, daß 2 % dieser 30.000, also 600 Personen, etwas zu verbergen haben, was ihre Karriere zerstören könnte. Und halten wir die genannten technischen Möglichkeiten der NSA daneben. Ein Knopfdruck der NSA genügt, um die Erpreßbarkeit dieser 600 Personen in die Wege zu leiten, denn die NSA hat die vorzüglichsten Informationsmöglichkeiten und Informationen über diese Personen. Und man glaubt wirklich, die NSA nehme die sich daraus ergebenden Möglichkeiten der Informationsbeschaffung nicht wahr, wo es doch ihre einzige Aufgabe ist, Informationen zu beschaffen? Ich frage noch einmal: Warum stellen die Medienvertreter den Politikern nicht derart auf der Hand liegende Fragen?

### Menschenwürde eines Strafgefangenen

**W.W.:** Schauen wir abschließend noch auf die drei sogenannten Geheimnisverräter, die der Welt die Augen geöffnet haben: Julian Assange, Bradley Manning und Edward Snowden. Wie gehen die USA im Hinblick auf die Menschenwürde mit ihnen um?

**M. Engelhard:** Wenn ich betrachte, wie der amerikanische Staat sich gegenüber diesen Männern verhält, die seine Untaten an die Öffentlichkeit brachten, werde ich an sehr Schlimmes erinnert. Alle werden als Kriminelle behandelt und verfolgt. Bradley Manning, der WikiLeaks Videos und Dokumente zugespielt hat, hat der Welt

Julian Assange (2010 Ausschnitt)

Bradley Manning (2012 Ausschnitt)

gezeigt, wie amerikanische Soldaten unschuldige Zivilisten abknallten. Das hat natürlich dem Ansehen der USA geschadet. Aber wer hat den Schaden angerichtet – die mordenden Soldaten oder der, der ihre Untaten ans Licht brachte? Manning wurde im August 2013 zu 35 Jahren Gefängnis verurteilt. Vorher aber mußte er bekennen, daß *er* den amerikanischen Staat geschädigt habe, und das zu einem Zeitpunkt, in dem die amerikanische Regierung Jagd auf Herrn Snowden machte. Man nehme es mir nicht übel, daß mich dieses sofort der Weltöffentlichkeit mitgeteilte Bekenntnis automatisch an Herrn Rumsfeld denken ließ, der bei einer Anhörung auf die Frage, ob „water boarding" Folter sei, antwortete, das käme auf die Definition von Folter an.

Die Strafe von *nur* 35 Jahren Gefängnis statt der geforderten 60 Jahre, die ihm noch ein kleines bißchen Freiheit am Ende seines Lebens in Aussicht stellt, hat Manning sich wohl durch dieses Bekenntnis erkauft. Aber die Gefängnisstrafe genügte der Regierung nicht. Am Tag der Urteilsverkündung wurde der Welt verkündet, daß Manning ein Transsexueller sei, der eine Frau werden wolle. Und damit es auch alle sehen, wurde sein Bild mit einer Frauenperücke von der Regierung veröffentlicht. Der Geheimnisverräter muß natürlich auch pervers sein. Der Mann muß einfach erledigt werden. Offenbar hat in Washington noch niemand ernsthaft über die Menschenwürde auch eines Strafgefangenen nachgedacht.

## Verfassungswidrigkeiten der NSA

Julian Assange, der Sprecher der Enthüllungsplattform WikiLeaks, wird mit der Begründung verfolgt, daß er in Schweden ein Sexualdelikt begangen habe. Und der schwedische Staat spielt dieses eklige Spiel mit, ähnlich wie man den bolivianischen Präsidenten Morales auf Druck der Amerikaner neun Stunden mit einem Zwangsstop in Wien festhalten ließ, um in dessen Flugzeug nach Herrn Snowden forschen zu können.

Edward Snowden wird weiter als Krimineller verfolgt. Dabei wurden die Ergebnisse des *Guardians* durch das Urteil eines amerikanischen Geheimgerichts, das zur Kontrolle der NSA geschaffen wurde, bestätigt. Das Gericht kam zu dem Ergebnis, daß die NSA mit ihren Spionagepraktiken die amerikanische Verfassung vielfach gebrochen habe. Dieses Urteil lag dem amerikanischen Präsidenten mit Sicherheit vor. Nur so ist erklärlich, daß Obama plötzlich auf einer Pressekonferenz die Ansicht äußerte, man müsse prüfen, ob es noch ein vertretbares Gleichgewicht zwischen den Sicherheitsbedürfnissen des Staates und den Grundrechten der Bürger gebe. Aber das muß nicht mehr „geprüft" werden, das hat das Gericht im Sinne von Snowden schon entschieden. Gleichwohl werden diesem weiterhin nur kriminelle Motive unterstellt, obwohl er nichts weiter getan hat, als vielfache Verfassungswidrigkeiten der NSA aufzudecken.

## Obama sollte über Nixons Rücktritt nachdenken

So hat wohl auch die wahre kriminelle Energie bei den zwei mutigen Journalisten gelegen, die den Watergate-Skandal aufgedeckt haben, und nicht bei den Geheimdienstleuten, die auf Befehl Nixons ins Watergate-Hotel eingebrochen sind. Warum ist Nixon dann aber zurückgetreten? Das scheint mir eine Frage zu sein, über die Herr Obama nachdenken sollte! Denn er hat als nahezu allmächtiger Chef der Administration die Untaten der NSA mitzuverantworten.

## Sklaven in Deutschland

**W.W.:** Wie stehst du zur aktuellen Mindestlohndebatte und zu den menschenunwürdigen Verhältnissen, in denen Billiglöhner aus Bulgarien und Rumänien in der deutschen Fleischindustrie leben müssen?

**M. Engelhard:** Dazu sah ich eine Politiker-Diskussion über den Mindestlohn, anwesend Ursula von der Leyen, Christian Lindner, Katrin Göring-Eckardt, Manuela Schwesig und Oskar Lafontaine. Die linke Seite war für einen gesetzlichen Mindestlohn: SPD und Grüne für 8,50 €, die Linke für 10,50 €. Herr Lafontaine begründete das so: Nur ein Mindestlohn von 10,50 € würde es jedem Arbeitnehmer gestatten, so viel in die Rentenversicherung einzuzahlen, daß er nach 40 Jahren Arbeit eine Rente bekomme, die ihm im Alter ein menschenwürdiges Leben ermögliche. Und dann kam der Satz: Das verlange schließlich der Artikel 1 des Grundgesetzes, das höchste Gebot unserer Verfassung. Ich war baff. Ausgerechnet der Vertreter der materialistischen Linken, außerdem ein ausgewiesener Fachmann in Wirtschafts- und Finanzfragen, argumentiert nicht wirtschaftspolitisch, sondern mit dem Artikel 1 des Grundgesetzes. Und die christliche Partei? Schweigen im Walde. Der einzige, der offenbar der Auffassung ist, daß die Wirtschaft sich an der Menschenwürde auszurichten habe und nicht umgekehrt die Menschenwürde an der Wirtschaft, ist ein Linker. Das finde ich bemerkenswert.

Katrin Göring-Eckardt machte noch auf folgendes aufmerksam: Die Schandlöhne, z.B. in den Großschlachtereien, würden nicht nur der Menschenwürde, sondern auch der Marktwirtschaft widersprechen, denn auch die Betriebe, die eigentlich angemessene Löhne zahlen wollten, könnten das nicht tun, weil sie dann nicht mit den menschenverachtenden Unternehmen konkurrieren könnten, sondern pleite gingen. Denn diejenigen, die nur die Schandlöhne bezahlten, könnten natürlich ihre Waren billiger auf den Markt bringen. Es finde also ein Wettbewerb darüber statt, wer die Arbeitnehmer am meisten ausbeute. Einen Wettbewerb im Hinblick auf die Löhne könne es deshalb nur oberhalb einer gesetzlich festgelegten Mindestlohngrenze geben. Unsere Regierung? Wiederum Schweigen im Walde.

### Alle Bürger werden belogen

Überhaupt kann ich mich über unsere Gesetze nicht genug verwundern. Heute mittag wurde mir im Fernsehen mitgeteilt, daß man in unseren Supermärkten schön verpacktes Kalbsragout kaufen könne, in dem sich jedoch nur 15 % Kalbfleisch befinde. Die übrigen 85 % sind Schweinefleisch, das bekanntlich billiger ist als Kalbfleisch. Aber die Käufer müssen den Preis für 100 % Kalbfleisch bezahlen. Doch dagegen kann man nicht vor Gericht ziehen, denn dieser Betrug wird durch Gesetze gedeckt, die unsere Vertreter in Berlin, Brüssel oder Luxemburg beschlossen haben. Ich bin nun der vielleicht albernen Meinung, daß die Achtung vor der Menschenwürde aller Bürgerinnen und Bürger, zu der auch unsere Legislative gemäß Artikel 1 Satz 2 GG verpflichtet ist, es verbieten müßte, Gesetze zu beschließen, die es gestatten, alle Bürgerinnen und Bürger zu belügen. Ich jedenfalls lasse mich sehr ungern von Wirtschaftsunternehmen belügen, selbst wenn unsere Vertreter das für vertretbar halten. Wieso kann es bei uns keine Gesetze geben, die bestimmen, daß auf einem Paket, auf dem Kalbfleisch steht, auch 100 % Kalbfleisch enthalten ist? Ist das eine unbillige Forderung? Gehen Arbeitsplätze verloren, wenn diese unter anständigen Menschen selbstverständliche Forderung erfüllt wird?

Oder nehmen wir abschließend noch den NSU-Skandal. Da ziehen drei Mörder jahrelang mordend durch unser Land. Und die Unterlagen darüber werden von den staatlichen Stellen geschreddert! Warum? Weil sie die Unschuld der staatlichen Stellen bewiesen hätten?

Ich möchte als Bürger in diesem Zusammenhang gerne wissen, wie viele SS-Männer und Judenverfolger und alte Nazis beim Aufbau unserer Geheimdienste mitgeholfen haben. Gibt es da keine bis heute fortwirkenden Seilschaften? Schon seit Jahren ist bekannt, wie rechtsradikale Gruppen ganze Landgemeinden, insbesondere in Ostdeutschland, terrorisierten. Was geschah? Nichts. Warum nicht? Statt dessen lenkt man unmenschlicherweise im NSU-Fall den Mordverdacht auf die unschuldigen Opfer.

Ist nicht doch irgend etwas faul in unserem Staat? All diese Probleme gäbe es nicht, wenn die staatliche Gewalt ihrer verfassungsmäßigen Verpflichtung, die Menschenwürde zu achten und zu schützen, als der obersten Richtschnur ihres Handelns konsequent nachkäme. Davon aber sind wir, leider, noch weit entfernt.

# Würde = Respekt vor dem Leben des anderen

## Interview mit Jakob von Uexküll

von Matthias Klaußner

**Jakob von Uexküll** *ist Gründer des World Future Council (2007) und des Right Livelihood Award (1980), der auch als „Alternativer Nobelpreis" bezeichnet wird. Darüber hinaus war er Mitgründer von The Other Economic Summit (Alternativer Weltwirtschaftsgipfel, TOES). Er war Mitglied des Europäischen Parlaments (1987-89) sowie des Aufsichtsrats von Greenpeace Deutschland und Berater von Transparency International. Er ist Schirmherr von Friends of the Earth International und hält weltweit Vorträge zu den Themen Umwelt, Gerechtigkeit, Wirtschaft und Frieden.*

*Jakob von Uexküll ist Träger des Salzburger Landespreises für Zukunftsforschung (1999), des Mariana-Ordens der Republik Estland (2001), des Großen Binding Preises für den Schutz von Natur und Umwelt (2006) und des Bundesverdienstkreuzes 1. Klasse der Bundesrepublik Deutschland (2009). 2005 wurde er vom Time Magazine als „European Hero" geehrt und 2008 von der Erich-Fromm-Gesellschaft für sein zukunftsorientiertes Engagement ausgezeichnet.*

*Zu seinen Publikationen zählen* Das sind wir unseren Kindern schuldig *(EVA, 2007) und* Die Zukunft gestalten – World Future Council: Aufgaben des Weltzukunftsrates *(Kamphausen, 2005). Außerdem ist er anerkannter Experte für Postgeschichte und Autor von* The Early Postal History of Saudi Arabia *(London, 2001).*

*Jakob von Uexküll wurde in Uppsala, Schweden, als Sohn des Schriftstellers und Journalisten Gösta von Uexküll und als Enkel des Biologen Jakob von*

*Uexküll geboren. Nach seiner Schulzeit in Schweden und Deutschland schloß er sein Studium am Christ Church College in Oxford mit einem Master of Arts in Politikwissenschaften, Philosophie und Wirtschaftswissenschaften ab. Er hat die schwedische und die deutsche Staatsbürgerschaft, ist verheiratet und hat drei Kinder. Er lebt mit seiner Familie in London.*

„Menschenwürde setzt die Möglichkeit voraus, menschenwürdig leben zu können" – so sagt Jakob von Uexküll, Begründer des „Alternativen Nobelpreises" am Ende des folgenden Interviews. Dieser Satz geht mir nicht aus dem Kopf. Das bedeutet doch, ich kann mich nur dann würdig gegenüber anderen verhalten, wenn ich selber in – bzw. unter – menschenwürdigen Bedingungen lebe. Aber wer lebt eigentlich unter diesen Bedingungen?

Wir! Wir in Deutschland, in Europa, der gesamten westlichen Welt. Wir?

Natürlich lebt hier jeder ein Leben im Schlaraffenland, und wer nicht will ... „Selber schuld!"

Ich treffe vor einigen Tagen einen jungen Mann. Mit Bierflasche. Er fragt mich, ob ich zehn Cent habe. Zehn Cent? Früher galt der Spruch: „Haste ma ne Mark?" Dann: „Haste mal nen Euro?" Jetzt: „Haste mal zehn Cent?" Er müßte also zehnmal fragen und zehnmal erfolgreich sein, um einen Euro zu ergattern.

Das Bier trinke er nur aus Langeweile. Nein, er habe keinen Schulabschluss. „Selber schuld!", möchte ich denken, aber irgendwie stimmt da etwas nicht. Wer ist den schuld daran, daß er keinen Schulabschluß hat, daß er bettelt, daß er Bier säuft?

„Jedenfalls nicht ich!" Aber wer dann? Er allein?

Natürlich ist das allein seine Sache. Ja, jeder hat seine Chance – „Selber schuld!"

Also alles gut, zumindest für mich. Soll er sein Glück doch selbst in die Hand nehmen, was kann ich dafür, daß er mit 21 Jahren – so wie er es mir erzählt – keinerlei Perspektive hat. Hätte er sich schließlich ordentlich benehmen sollen, anstatt von der Schule zu fliegen.

„Du spinnst wohl!", sagt eine Stimme in mir! Haben wir denn genug getan dafür, daß er seine Chancen bekommen hat, mehr noch, daß er in die Lage versetzt war, seine Chancen zu erkennen und dann zu nutzen? Was, wenn er die Kraft dazu nicht hatte, wenn ihm Medien, Eltern, Lehrer, Mitschüler etwas ganz anderes suggeriert haben, wenn er als Kind geschlagen, unterdrückt, vielleicht mißbraucht wurde? Wenn er mit ansehen mußte, wie sein Vater seine Mutter verprügelte? Weiß ich das? Verdient er nicht genau dieselbe Achtung, denselben Respekt, den auch ich von anderen erwarte? Haben wir wirklich Chancengleichheit, oder ist das eine leere Phrase? Klar, wir leben nicht mehr im Mittelalter, seitdem hat sich sehr viel zum Wohle des Menschen, des einzelnen verändert.

Dennoch – wir sind noch lange nicht da, wo wir in menschlicher Hinsicht sein müßten.

Wir müssen zunächst aufhören zu moralisieren, wir müssen aufhören zu werten, zu urteilen. *„Richtet nicht, auf daß ihr nicht gerichtet werdet!"*

Wir müssen anfangen, die Menschen so zu nehmen, wie sie sind – und auch schon dieser Satz klingt leer. Eine abgedroschene Phrase, weil wir es nicht tun. Weil wir uns engagieren müßten über unsere vier Wände hinaus.

Stéphane Hessel (Ausschnitt)

*Empört Euch!* – so der Titel der Streitschrift von Stéphane Hessel, einem ehrwürdigen französischen Diplomaten, in der er dazu aufruft, daß wir die Dinge nicht mehr hinnehmen dürfen. Man könnte auch sagen: *Wachet auf, ruft uns die Stimme!* – so der Titel eines Chorals von Johann Sebastian Bach. Es ist unsere innere Stimme.

Wir müssen lernen, ihr zuzuhören!

Ich sitze in einem netten kleinen Haus in Leipzig – mit mehr als zehn Cent in der Tasche. In etwa drei Kilometer Luftlinie steht die Thomaskirche, an der Bach einst Kantor war. Einen Steinwurf davon entfernt die Nikolaikirche, von der die treibende Kraft der „Würdigsten Revolution der Geschichte", wie ich sie hier nennen möchte, ausging. Der „Wende" – dem Ende der DDR.

Wir leben inzwischen in einem freien Land, wir können uns wehren, gegen NSA, NSU, Nazis und andere menschliche Katastrophen.

Dennoch: Manch einer kann sich nicht wehren…

Johann Sebastian Bach
(Ausschnitt)

Heute höre ich: Asylanten in Deutschland dürfen nicht frei herumlaufen ... Etwas ist faul im Staate „Westliche Welt". Es gibt viel zu tun – kommen wir miteinander ins Gespräch!

**Der World Future Council (WFC)** ist eine gemeinnützige Initiative, die sich als „Stimme zukünftiger Generationen" versteht und daran arbeiten will, die Rechte unserer Nachfahren ins Bewußtsein von Entscheidungsträgern zu heben und eine Politik der Nachhaltigkeit und Gerechtigkeit zu fördern.

Sie wurde im Jahre 2000 von Jakob von Uexküll angeregt und 2004 von ihm zusammen mit Herbert Girardet ins Leben gerufen. Seit 2006 hat sie ihren Hauptsitz in Hamburg und dort seit 2007 den Status einer gemeinnützigen Stiftung. Weitere Büros bzw. Vertretungen befinden sich in London, Brüssel sowie in Washington, D.C. und Johannesburg.

Der Rat wurde im Mai 2007 auf Initiative des Gründers des Right Livelihood Award, Jakob von Uexküll, in Hamburg zum ersten Mal einberufen. Die Grundfinanzierung wurde durch die Freie und Hansestadt Hamburg sowie Spenden des Unternehmers Michael Otto und zahlreicher anderer Geber sichergestellt.

Ratsmitglieder sind u.a. Ibrahim Abouleish, Hans-Peter Dürr und Daryl Hannah.

Quelle: Wikipedia, 13.09.2013, 10:00 Uhr MEZ

### Würde bedeutet für mich Respekt

**Matthias Klaußner:** Sie haben sich lange Jahre mit Menschen beschäftigt, die beispiellos Großartiges für unsere Erde, für andere Menschen, für die Natur, für die Würde etc. getan haben.
Würde ist ja ein ziemlich abstrakter Begriff. Was ist das eigentlich?
**Jakob von Uexküll:** Für mich bedeutet Würde Respekt, d.h. sich so zu verhalten, daß andere jetzt und in Zukunft dieselben Möglichkeiten und Freiheiten haben können wie man selbst.
**M.K.:** Sie haben den „Right Livelihood Award" – den „Alternativen Nobelpreis" in die Welt gesetzt. Spielte die Menschenwürde bei der Idee und auch weiterhin bei der Vergabe irgendeine Rolle?

Marcus Tullius Cicero

© gemeinfre  Visconti - Iconograph rom. pl. 12 N.1 (Abb. 428)

**J. von Uexküll:** Natürlich. Der Begriff bedeutet ja, verantwortungsbewußt zu leben.

**M.K.:** Im Zeitalter der römischen Antike entwickelt Cicero erstmals den Begriff „dignitas" (übersetzt mit „Würde"). Demnach kann ein Mensch im Laufe seines Lebens würdig werden. Die Würde ist demnach eine Art Verdienst, das man sich durch ehrenhafte Taten erwirbt. Wie sehen wir das heutzutage? Kann man Würde messen? Ist ein Mensch würdiger als ein anderer?

### Auch ein Massenmörder hat ein Recht auf Leben

**J. von Uexküll:** Natürlich verehren wir jemanden, der viel Gutes geleistet hat. Aber Menschenwürde ist für mich etwas, auf das jeder Mensch ein Anrecht hat.

**M.K.:** Kann ein Mensch – sagen wir ein Mensch wie Anders Breivik, der im Juli 2011 in Norwegen 77 Menschen tötete – seine Würde, sein Menschenrecht durch eine solche Tat verspielen?

**J. von Uexküll:** Er verliert nicht sein Menschenrecht auf Leben. Das ist der Unterschied zwischen unserer modernen Zivilisation und ihren Vorgängern.

**M.K.:** Haben insbesondere viele Deutsche im Dritten Reich ihre Würde oder einen Teil davon verspielt, als die Nazis Millionen von Juden in die Gaskammern trieben? Wie sollten wir der restlichen Welt heutzutage begegnen, insbesondere wenn es um Menschenrechtsverletzungen geht? Sollten wir alles daransetzen, die Menschenwürde zu verteidigen, oder uns lieber zurückhalten?

### Wegen seiner Geschichte steht Deutschland in der Pflicht

**J. von Uexküll:** Die Deutschen haben sich sehr unwürdig verhalten, aber dadurch nicht ihre Menschenrechte verloren. Wir sollten immer die Menschenrechte verteidigen, aber unter den Bedingungen unserer hart erarbeiteten internationalen Rechtsordnung; wir sollten also keine Kriege ohne UN-Mandat führen.

**M.K.:** Wir können uns doch auch nicht als Moralapostel aufspielen und auf andere mit dem Finger zeigen. Da stecken wir mit unserer düsteren Geschichte doch in einem echten Dilemma.
**J. von Uexküll:** Gerade wegen der Geschichte hat Deutschland eine besondere Verpflichtung.
**M.K.:** Wenn die Menschenwürde ein so hohes Gut darstellt, wie es im allgemeinen immer wieder behauptet wird und wie es in allen Ländern, die die Menschenrechte achten oder wenigstens achten wollen, gedacht ist, warum entfernen wir uns dann immer wieder davon?
**J.v. Uexküll:** Es wird immer Rückfälle geben, aber auch Fortschritte, z.B. den Internationalen Strafgerichtshof.

### Egoismus wird durch die Bedingungen favorisiert

**M.K.:** Warum stellen Menschen skrupellos oftmals materielle Werte über die Menschenwürde – siehe Finanzkrise? Ist das allein der Egoismus, die Selbstsucht, die sie motiviert, vollkommen irrational und unwürdig zu handeln, oder was steckt noch dahinter?
**J. von Uexküll:** In einer Marktgesellschaft wird Egoismus durch die Rahmenbedingungen favorisiert. Die meisten Menschen verhalten sich systemkonform. Wer mehr will, muß die Rahmenbedingungen, d.h. die Gesetze ändern.
**M.K.:** Große Philosophen haben sich mit dem Thema Würde befaßt. Politiker, Menschenrechtler, Religionsführer haben dafür gekämpft. Wir wissen eigentlich weltweit, worauf es ankommt, um den anderen zu achten, ihn oder sie würdevoll zu behandeln; wir haben Christus, Gandhi, den Dalai Lama – aber trotzdem ist kein Frieden in aller Welt.
**J. von Uexküll:** Es ist falsch, daß es keine Fortschritte gegeben hat. Im alten Rom bestand das große Feiertagsvergnügen darin, zuzusehen, wie Christen von Löwen gefressen wurden. Heute ist es Fußball.
**M.K.:** Trotzdem behandeln wir uns gegenseitig häufig wie – entschuldigen Sie den Ausdruck – Dreck, z.B. indem wir diejenigen, die eine andere Gesinnung haben, bekriegen! Worin könnte die Ursache dafür liegen?
**J. von Uexküll:** Menschen haben gute und schlechte Eigenschaften. Die Rahmenbedingungen entscheiden bei den meisten, wie sie sich verhalten.
**M.K.:** In Jonas Jonassons Bestseller *Der Hundertjährige, der aus dem Fenster stieg und verschwand* sagt der Protagonist sinngemäß, er habe in seinem langen Leben festgestellt, daß alle Kriege und Aus-

Jonas Jonasson (Ausschnitt)

© CC-By-SA 3.0   A.Savin

Mohandas K. Gandhi ca. 1930

© gemeinfrei   unbekannt

einandersetzungen im Kleinen wie im Großen ihre Ursache darin haben, daß einer sagt: „Du bist doof!", darauf der andere: „Nein, *du* bist doof!", und dann immer hin und her: „Nein du – nein du – nein du ...", bis einer ausrastet. Warum fällt es so schwer, den anderen so sein zu lassen, wie er ist, ihn also in seiner Würde zu achten?

## Weltpolitische Konflikte beruhen auf konkreten Bedrohungen

**J. von Uexküll:** Das ist mir zu allgemein. Die meisten Konflikte beruhen auf realen Bedrohungen und Befürchtungen.

**M.K.:** Wenn Menschen schon ihre Würde verteidigen müssen, wie können sie das auf menschenwürdige Weise tun?

**J. von Uexküll:** Da gibt es viele geschichtliche Vorbilder, die gezeigt haben, wie das geht, z.B. Gandhi.

**M.K.:** Die Menschen verhalten sich nicht nur merk-"würdig" zu- und untereinander, sondern auch der Erde gegenüber. Hat die Erde eine Würde?

**J. v. Uexküll:** Natürlich.

**M.K.:** Wenn wir darauf sehen, wie wir mit unserer Mutter Erde umgehen, zeigt sich ein völlig unwürdiges Bild, das auf uns selber zurückwirkt: Klimakatastrophe, Ausbeutung der Ressourcen etc. Ursache dafür, soviel ist inzwischen erwiesen, ist unser eigenes Verhalten.

Verspielen wir unsere Würde? Werden wir mehr und mehr unwürdig, Teil dieser Erde zu sein?

**J. von Uexküll:** Wer sagt, Umweltschutz sei zu teuer, sagt sinngemäß, daß wir es uns nicht leisten können, auf der Erde zu leben. Das mag unwürdig sein, aber es ist vor allem dumm.

**M.K.:** Wie steht es mit den Lebewesen, den Tieren, den Pflanzen? Haben diese eine Würde, der Menschenwürde vergleichbar?

**J. von Uexküll:** Eine Würde schon. Aber nicht die gleiche – keiner wird – hoffentlich! – einen Menschen opfern, um zwei Tiere zu retten!

**M.K.:** Ist dann Tierschutz, Pflanzenschutz etc. Ausdruck eines würdevollen Umgangs mit der Natur oder nur Schadensbegrenzung?

**J. von Uexküll:** Beides.

**M.K.:** Was könnten wir konkret tun, um die Lage noch zu retten?

**J. von Uexküll:** Uns für bessere Rahmenbedingungen einsetzen, das heißt, politisch aktiv werden und/oder eine Organisation wie den Weltzukunftsrat unterstützen. Natürlich können und sollten wir in unserem eigenen Leben unser Bestes tun, aber das wird ohne ein solches Engagement nicht ausreichen.

### Ausdruck meiner Seinsbestimmung ist meine Arbeit

**M.K.:** „Würde" ist laut Definition eine *„Seinsbestimmung des Menschen"*. Diese Definition ist ja furchtbar abstrakt. Was bedeutet das konkret für Sie, für Ihr Leben?

**J. von Uexküll:** Die Arbeit, die ich seit vielen Jahren mache: Alternativer Nobelpreis, World Future Council.

**M.K.:** Und was bedeutet diese Definition von Würde für Ihre Arbeit?

**J. von Uexküll:** Die Ergebnisse sollten für sich selbst sprechen. Der Preis hat Menschenleben gerettet, einen Diktator an der Rückkehr gehindert usw. Der World Future Council hilft, menschenwürdige Gesetze zu verbreiten, z.B. das Gesetz für Nahrungssicherheit in Belo Horizonte (Brasilien), so daß dort die Kindersterblichkeit um 60 % reduziert werden konnte.

**M.K.:** Was bedeutet die Definition von Würde

Lage von Belo Horizonte

konkret für Ihr Lebenswerk, das nun durch Ihren Neffen fortgesetzt wird?

**J. von Uexküll:** Mein Neffe wurde vom Vorstand als Direktor der „Right Livelihood Award"-Stiftung eingesetzt. Ich bin weiterhin aktiv, besonders im World Future Council.

Es ist wichtig, breite Bündnisse zu bauen. Die Preisverleihung im schwedischen Parlament wird von allen demokratischen Parteien unterstützt, obwohl sie sicher nicht immer mit der jeweiligen Auswahl einverstanden sind. Aber es gibt eine Wertegemeinschaft.

### Wir können uns wehren

**M.K.:** Wir sehen, daß uns die technischen Möglichkeiten, insbesondere die der Datenverarbeitung, mehr und mehr bestimmen. Zum Fall Snowden: Wie beurteilen Sie sein Verhalten und das Verhalten der USA, bezogen auf die Menschenwürde? [Bild siehe Seite 27]

**J. von Uexküll:** Seine Enthüllungen sind erschreckend, denn Menschenwürde bedeutet auch das Recht auf eine geschützte Private-Sphäre. Aber der Fall ist undurchsichtig: Wie konnte ein junger Angestellter Zugang zu so vielen Geheiminformationen haben?

**M.K.:** In der ehemaligen DDR wurde eine Organisation gegründet, die persönliche Daten der Bürgerinnen und Bürger systematisch ausspionierte. Die Stasi (Staatssicherheit) diente nach ihrer Definition der Sicherung staatlicher Interessen. Bis heute wird das Vorgehen der Stasi, und auch anderer Geheimdienstorganisationen totalitärer Regime auf das Schärfste verurteilt. Prinzipiell tun die USA und andere Geheimdienste seit Jahren nichts anderes, nur die Methoden sind etwas moderner – niemand muß mehr Wanzen in Telefonhörern oder hinter Bilderrahmen verstecken. Warum haben diese Angriffe auf die Menschenwürde heutzutage ein anderes Gewicht als noch zu Zeiten des Kalten Krieges?

**J. von Uexküll:** Ich halte diesen Vergleich für falsch und für unwürdig gegenüber denen, die in der DDR lebten. Wir können uns heute wehren.

### Das Handeln Obamas erscheint völlig irre

**M.K.:** Warum hat Obama [Bild siehe Seite 23] das Gefängnis in Guantanamo entgegen seiner Versprechungen nicht geschlossen? Hat der Präsident der USA keine Macht mehr?

**J. von Uexküll:** Der Kongreß hat es blockiert, und Obama ist enttäuschend führungsschwach.

**M.K.:** Obama ist Friedensnobelpreisträger; ist er dieser Auszeichnung noch würdig? Worin liegt eigentlich sein großes Verdienst? Etwa darin, Osama Bin Laden [Bild siehe Seite 24] hinzurichten? Ein Friedensnobelpreisträger läßt einen Terroristen gezielt umbringen? Das ist doch – verzeihen Sie – völlig irre!

**J.v. Uexküll:** Da haben Sie recht.

### Die Menschenrechte der Palästinenser werden mit Füßen getreten

**M.K.:** Immer wieder werden Kriegseinsätze damit gerechtfertigt, daß man Menschen vor ihren brutalen Machthabern schützen muß. Dahinter stehen jedoch, wie wir wissen, oft andere Interessen. Blicken wir auf Syrien, Ägypten, Palästina. Es scheint den Interessenvertretern sowie den Diktatoren gleichermaßen sehr schwer zu fallen, die eigenen Interessen zugunsten eines würdevollen Lebens aller zurückzustellen. Ist das Angst vor Gesichtsverlust, oder was steckt Ihrer Ansicht nach dahinter?

**J. von Uexküll:** Sicher auch, aber jede Situation ist anders. Es ist ein Skandal, daß kein Druck auf die israelische Regierung ausgeübt wird, die die Menschenwürde der Palästinenser mit Füßen tritt.

**M.K.:** Würde und Religion scheinen oft genug ein Widerspruch zu sein, wenn man die jüngste und auch die ältere europäische Kirchengeschichte betrachtet. Mit Würde hat das oft wenig zu tun. Ist die Kirche ein Auslaufmodell, eine Institution, die sich selbst widerlegt hat?

**J. von Uexküll:** Religionen würden ohne Institutionen, z.B. Kirchen, nicht lange existieren.

**M.K.:** Großartige zeitgenössische westliche Theologen, von Martin Luther King bis hin zu Karl Barth, haben wichtige Impulse gesetzt, die irgendwo im Sande zu verlaufen scheinen. Lassen wir uns inzwischen durch den Materialismus beherrschen, anstatt uns auf unsere Würde und unsere Vorbilder zu besinnen?

**J. von Uexküll:** Nein, der Materialismus ist das Auslaufmodell. Der Pilgerweg nach Santiago de Compostela z.B. war vor 20 Jahren fast leer, heute ist er überfüllt.

### Menschliche Wertschätzung hängt von der Erziehung ab

**M.K.:** Ich beobachte in meiner Tätigkeit als Musik- und Deutschlehrer oft, daß es zunehmend schwerfällt, die Schülerinnen und Schüler für inhaltlich anspruchsvolle, menschenwürdige Dinge zu begeistern.

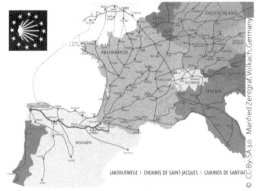

JAKOBSWEGE I CHEMINS DE SAINT-JACQUES I CAMINOS DE SANTIAC

Jakobswege in Europa

Lieber widmen sie sich ihren eigenen Interessen. Gerade in der Musik ist es erstaunlich, was sich Schüler und Schülerinnen an Texten in die Ohren hauen lassen. Bushido, Sido usw. Da wird sinngemäß von „deine Mutter ist eine Hure" bis hin zu noch unwürdigeren Dingen gesprochen. Warum lassen sich junge Menschen oft so etwas gefallen?

**J. von Uexküll:** Das kann man nicht verallgemeinern. Ich habe 17jährige Zwillinge, und die haben ganz andere Vorbilder. Das hängt von der Erziehung ab.

**M.K.:** Die Würde ist ein immaterieller Wert, der unendlich wichtig für das Zusammenleben von Menschen ist. Wie kann man diesen Wert vermitteln in einer Welt, die zunehmend brutaler, gewaltbereiter und immer weniger empathisch wird, in der, laut Umfragen, ein iPhone oft mehr zählt als kameradschaftliche Hilfe?

**J. von Uexküll:** Glauben Sie wirklich, daß es z.B. im alten Rom oder im Mittelalter weniger brutal zuging? Aber es stimmt – die Herrschaft der Ökonomie fördert den Egoismus und muß überwunden werden.

### Respekt vor dem Leben selbst leben

**M.K.:** Warum ist die Menschenwürde der erste Wert, den das Grundgesetz nennt? Richtig greifbar ist sie schließlich nicht. Der Schutz des Eigentums ist dagegen viel konkreter zu fassen. Man hätte ja auch die Gedankenfreiheit an erste Stelle setzen können oder das Recht auf Bildung. Aber da steht in Artikel 1, Absatz 1: *Die Würde des Menschen ist unantastbar. Sie zu achten und zu schützen ist Verpflichtung aller staatlichen Gewalt.* Was haben sich die Väter des Grundgesetzes dabei gedacht?

**J. von Uexküll:** Vielleicht waren sie von Albert Schweitzer inspiriert, der damals sehr bewundert wurde, weil er *„Respekt vor dem Leben"* forderte und selbst lebte.

**M.K.:** Was ist Ihr persönlicher Wunsch für die nächsten 20 Jahre, bezogen auf das Thema Würde?

**J. von Uexküll:** Es geht jetzt darum, unser Überleben und das Überleben unserer Zivilisation zu sichern, d.h. den Klimawandel u.a. Umweltbedrohungen zu begrenzen. Wenn wir dies nicht schaffen, werden die Konflikte um Ressourcen immer stärker, und wir in Europa werden von Umweltflüchtlingen überflutet werden. Menschenwürde setzt die Möglichkeit voraus, menschenwürdig leben zu können.

# Lohnsklaven in Deutschland

## Interview mit Michael Nieberg

von Wolfgang Weirauch

**Michael Nieberg,** *Jahrgang 1966. Nach Zeitungsvolontariat und verschiedenen Stationen als Zeitungs- und TV-Redakteur machte er sich 1994 mit der 6w-Film- und Fernsehproduktion in Münster selbständig. Zu den Auftraggebern zählen alle großen deutschen Sender (WDR, NDR, ZDF, Arte, Stern-TV, RTL, VOX, Sat 1 u.v.m.). Die Firma ist spezialisiert auf Hintergrundberichte, Reportagen, Verbraucherthemen und investigativen Journalismus. Mit vier Angestellten und acht freien Mitarbeitern führt Michael Nieberg die Firma zusammen mit seiner Frau, Natascha Nieberg. Bislang wurden über 2.500 Produktionen realisiert, für Regionalmagazine, aber auch weltweit. Nieberg war als Autor und Regisseur für über 50 längere Reportagen, Dokus und Features verantwortlich. Zusammen mit seiner Frau und vier Kindern lebt er in Münster. Für mehrere seiner Filme erhielt er Auszeichnungen, z.B. den Journalistenpreis der Deutschen Gesellschaft für Ernährung 2009 oder den Regionalpreis der ARD 1995.*

*Auswahl seiner längeren Filme:* Die Geister, die man rief. Jugendsatanismus *(30 Minuten, WDR 1989)*, Neues altes Erfurt *(MDR 1992, 45 Minuten)*, Alles ist anders! Deutsche, die die Wende nicht mitbekommen haben *(35 Minuten, ARD 1992)*, Vom Kanzlerverein zum Politsaurier. Die Deutsche Zentrumspartei *(30 Minuten, WDR 1994)*, Sanfte Seelenfänger. Gefahren durch Transzendentale Meditation *(30 Minuten, WDR 1995)*, Alles Parma? Italienischer Schinken aus dem Münsterland *(30 Minuten, WDR 1997)*, Pleite! *(46 Minuten, Stern-TV-Reportage, VOX 2002)*, Zoff in der Familie – Häusliche Gewalt *(45 Minuten, Stern-TV-Reportage, VOX 2004)*, Alles gefälscht! Jagd auf Produktpiraten *(46 Minuten, Stern-TV-Reportage, VOX 2006)*, Gestern Mittelschicht – heute ganz unten!

Wenn Familien abstürzen (*46 Minuten, Stern-TV-Reportage, VOX 2010*), Unser Kaufhaus schließt! Aus nach 140 Jahren (*29 Minuten, NDR 2012*), Mieter in Not. Wenn Wohnen zum Luxus wird (*29 Minuten, NDR 2013*), Lohnsklaven in Deutschland (*46 Minuten, ARD 2013*).

Immer wieder schauen wir in die ärmeren Länder unserer Erde und stellen mit Entsetzen fest, wie dort Menschen unter unmenschlichen Bedingungen unsere Zivilisationswaren produzieren, beschämend gering entlohnt werden und oftmals sogar ihr Leben lassen müssen. Aber auch vor unserer Haustür wird die Würde anderer Menschen verletzt. Im Umfeld der deutschen Fleischindustrie wurde schleichend ein Schattenreich von Billiglöhnern aus Osteuropa eingerichtet, in dem Menschen unter unwürdigsten Bedingungen die Fleischwaren produzieren, die wir meist ohne nachzudenken verzehren.

Wenn wir die Würde anderer Menschen achten wollen, beginnt dies bereits mit einem Blick auf unseren Teller. Aber leider verschließen wir oft die Augen, sobald es an das eigene Portemonnaie geht.

Michael Nieberg hat mit seinem vielbeachteten Film *Lohnsklaven in Deutschland* einen Blick hinter die Kulissen einer Parallelwelt geworfen, über die wir in diesem Interview sprechen.

**Wolfgang Weirauch:** Was brachte Sie auf die Idee, Ihren Film *Lohnsklaven in Deutschland*, einen Film über teils illegale und menschenunwürdige Praktiken in der deutschen Fleischindustrie, zu drehen?

**Michael Nieberg:** Wir sind bei Fahrten über Land auf das Thema aufmerksam geworden. Das war so ein Bauchgefühl. Mein Co-Autor, Marius Meyer, und ich stammen aus dem Münsterland und dem Oldenburger Münsterland. Wenn man dort über die Dörfer fährt, sieht man immer mehr Unterkünfte, vor denen Autos mit osteuropäischen Kennzeichen parken. Oft paßt die Zahl der Autos gar nicht zur Größe des Hauses, sprich, dort sind Leute regelrecht eingepfercht. Wir sind neugierig geworden. Schon nach kurzer Zeit stießen wir auf immer mehr menschenunwürdige Wohnverhältnisse. Dies war der Ausgangspunkt.

### Eine Million Schweine zerlegen

**W.W.:** Um das System mit den Werkvertragsfirmen näher zu verstehen: Es gibt also z.B. einen Schlachtbetrieb in Deutschland, der sein Stammpersonal reduziert und statt dessen eine bestimmte Menge

Inspektion von Schweinekarkassen

© PD United States Department of Agriculture

Arbeit per Werkvertrag an eine Werkvertragsfirma vergibt. Was besagt ein solcher Werkvertrag, wie funktioniert dieses gegenseitige Beziehungsgeflecht?

**M. Nieberg:** Es gibt sehr viele unterschiedliche Werkvertragsfirmen und Werkverträge mit deutschen Fleischindustriebetrieben. Keineswegs alle diese Beziehungen sind illegal, aber leider zu einem relativ hohen Prozentsatz. Darüber hinaus gibt es ein ungeheures Geflecht von Firmen. Das muß man sich z.B. so vorstellen, daß ein Schlachthof einen Großteil seiner Belegschaft entläßt, hin und wieder sogar die gesamte Belegschaft, und nur noch die Räumlichkeiten zur Verfügung stellt. Anschließend vergibt ein solcher Schlachthof viele Gewerke, die dann an acht oder zehn oder gar 20 verschiedene Firmen vergeben werden.

Der Warentransport kann z.B. ein solches Gewerk sein, ein anderes das Zerlegen in Schweinehälften; das Zerlegen der Schweinehälften in kleinere Stücke ein drittes Gewerk einer anderen Firma. Diese kleineren Stücke werden dann wiederum von einer weiteren Firma zerlegt, das Verpacken in Kunststoffverpackungen wird von einer weiteren Firma übernommen.

Laut Gesetz sollen diese Werke nicht aufgrund eines Stundensatzes vergeben werden, sondern es muß eine Werkleistung vollbracht werden, welche eine bestimmte Stückzahl beinhaltet. Ein Schlachthof schreibt z.b. aus, daß eine Million Schweine zerlegt werden sollen. Dann bewerben sich die Firmen darum, unterbieten sich gnadenlos, und dann wird diese Million Schweine in einem bestimmten Zeitraum zerlegt. Das hat zur Folge, daß die Mitarbeiter keineswegs kontinuierlich arbeiten, denn es kommt oft vor, daß überhaupt keine Ware vorhanden ist, so daß die Arbeitnehmerinnen und Arbeitnehmer bzw. Billiglöhner nur zu gewissen Stoßzeiten arbeiten müssen, oft auch nur stundenweise. Denn z.b. in der Grillsaison kann es sein, daß es besonders viele Schweinehälften zu zerlegen gibt, an anderen Tagen mitunter gar keine. Dann bleiben die Werkvertragsarbeiter zu Hause und werden auch nicht bezahlt.

**W.W.:** Wer oder was sind diese Werkvertragsfirmen, und wie stellen diese ihre Arbeitnehmerinnen und Arbeitnehmer ein?

**M. Nieberg:** Es gibt ein riesiges Spektrum solcher Firmen; das sind Hunderte. Außerdem gibt es Leiharbeitsfirmen. Zwischen ihnen sind die Grenzen oft sehr fließend. Deshalb kann man nicht alle Firmen auf einen Nenner bringen. Es gibt unter ihnen sehr viele osteuropäische Firmen, aber auch deutsche Firmen, die sich wiederum Arbeitnehmer aus dem Ausland leihen und diese in Deutschland in einem Werkvertrag weitergeben.

### Verschleierungstaktik mit erheblicher krimineller Energie

**W.W.:** Inwiefern ist das illegal?

**M. Nieberg:** Das ist oftmals insofern illegal, als selbst einige deutsche Auftraggeber, vor allem aber die deutschen Behörden, gar nicht mehr nachvollziehen können, wie diese Kettung der einzelnen Firmen untereinander funktioniert, ob überhaupt irgendwo Sozialabgaben bezahlt werden, im Inland oder im Ausland. Aber dieses Geflecht hat System, denn es soll gar nicht nachvollzogen werden können. Oft steht dahinter eine bewußte Verschleierungstaktik mit erheblicher krimineller Energie. Es gibt z.b. die polnische Werkvertragsfirma D, in Polen gegründet als Tochterfirma der deutschen Fleischindustrie-Gruppe W, die Werkvertragsarbeiter für die Fleischindustriebetriebe W in Deutschland beschafft. Die Firma W verdient also über ihre Unterfirmen mit. Denn die Firma W gründet auch weitere Unterfirmen, z.b. Immobilienfirmen oder eine Transportfirma, die die Aufgabe hat, die Arbeitnehmerinnen und Arbeitnehmer hin- und herzufahren. Und immer sind die Firma W bzw. ihre Gesellschafter beteiligt, so daß sie in allen Teilen dieser Kette mitverdienen.

**W.W.:** Und was geschieht, sobald die Behörden oder die Öffentlichkeit ein Auge auf dieses Firmengeflecht werfen?

**M. Nieberg:** Dann werden diese Unterfirmen z.b. vom Firmengelände der Tochterfirma D verbannt und in eine anonyme Wohnung verlegt, was einer Briefkastenfirma gleichkommt. Außerdem werden andere Geschäftsführer eingesetzt, was oftmals lediglich Strohmänner sind. Im Geflecht dieser von uns untersuchten Firmen gab es z.b. einen Menschen, der sowohl beim Mutterkonzern in einem Schlachthof als Prokurist angestellt war, der dann aber auch in verschiedenen anderen Unterfirmen als Geschäftsführer auftrat.

**W.W.:** Wie sieht es mit den rechtlichen Beziehungen zwischen dem deutschen Mutterkonzern und all diesen Unterfirmen aus? Haben Sie hier einiges herausbekommen?

**M. Nieberg:** Ja, wir haben eine Menge herausbekommen. Nach außen sieht es so aus, daß die großen Schlachthoffirmen – dies betonen sie auch immer wieder – mit den internen Abläufen in den Werkvertragsfirmen nichts zu tun hätten, ebenfalls nichts mit den Leiharbeitsfirmen. Man behauptet, daß dies alles rechtlich eigenständige Unternehmen seien, so daß die deutschen Schlachthoffirmen mit der Unterbringung der Arbeitnehmerinnen und Arbeitnehmer, mit den Überschreitungen gesetzlicher Regelungen und mit weiteren Mißständen nichts zu tun hätten. Die großen Schlachthöfe geben vor, daß alles in der Verantwortung der Werkvertragsfirmen liege. Bei der W-Gruppe konnten wir gut nachweisen, daß dem nicht so ist und daß die W-Gruppe sogar mehrere Werkvertragsfirmen selbst gegündet hatte und somit natürlich sehr enge Beziehungen zu diesen Werkvertragsfirmen bestanden. Allerdings wurden sie im Zeitraum unserer Recherche verschleiert bzw. aufgelöst, es traten neue Geschäftsführer auf den Plan, bei einer Firma wurde sogar der Firmensitz in einem kurzem Zeitraum mehrfach in andere Landkreise in Deutschland verlegt, so daß es relativ schwierig ist, hier Licht in dieses Geflecht zu werfen. Es ist auch kaum möglich, in alle Handelsregisterauszüge hineinzuschauen, besonders in die der ausländischen Firmen.

**W.W.:** Für die Werkvertragsfirmen gilt ja oft ausländisches Recht; welche Nachteile ergeben sich dadurch für die Arbeitnehmerinnen und Arbeitnehmer, welche Vorteile ergeben sich für die Schlachtbetriebe in Deutschland?

**M. Nieberg:** Es gibt auch deutsche Werkvertragsfirmen, das muß man ganz klar sagen, aber auch sehr viele im Ausland. Die deutschen Werkvertragsfirmen leihen sich ihrerseits wiederum Werkvertragsarbeiter aus dem Ausland, und für diese gilt dann in der Tat ausländisches

Recht. Wenn es sich um Rumänen handelt, müssen sie eigentlich bei einem rumänischen Schlachthof angestellt sein, und dieser Schlachthof muß mindestens ein Jahr Tätigkeiten eines Schlachthofs bzw. ähnliche Tätigkeiten nachweisen, und es muß auch nachgewiesen werden, daß die rumänischen Arbeitnehmerinnen und Arbeitnehmer dort eine ähnliche Tätigkeit ausüben, wie sie sie dann in Deutschland ausüben sollen. In Rumänien sollen auch die Sozialabgaben gezahlt werden.

**W.W.:** Ist dem auch so?

**M. Nieberg:** Nein, keineswegs immer.

### Hungerlöhne

**W.W.:** Wie steht es mit den Löhnen?

**M. Nieberg:** Es muß der Mindestlohn von Rumänien gezahlt werden, und das waren bis vor kurzem etwa 180 €, mittlerweile ist er m.E. auf ungefähr 200 € angehoben worden. Das ist die Basis, mit der die sogenannten Billiglöhner nach Deutschland fahren. Mehr wissen sie nicht. Sie haben oft keine schriftlichen Arbeitsverträge und werden in Deutschland nach Stundenaufkommen bezahlt. Am Monatsende zeigt man ihnen einen Zettel – meistens händigt man ihn nicht einmal aus –, auf dem dann z.B. 250 Stunden mal fünf € steht. Und dann bekommen sie diese Summe, oft sogar in bar, ausgezahlt, und meistens wissen sie überhaupt nicht, wie sich das alles zusammensetzt. Denn es gibt viele Abzüge, z.B. 150 bis 200 € für das Bett in der Unterkunft, weitere 50 € für die Arbeitskleidung usw., so daß sich die auszuzahlende Summe immer weiter reduziert. Wir haben tatsächlich Fälle erlebt, bei denen die Menschen unter 400 € netto im Monat verdienten, obwohl sie in einer Vollzeitstelle arbeiteten. Das ist natürlich nach deutschen Maßstäben unendlich wenig. Trotzdem beklagen sich viele der Billiglöhner zunächst nicht, obwohl sie eingepfercht leben, weil sie nur unter sich leben, gar nicht hinausgehen, und so sind sie oft sogar noch in der Lage, von ihren 400 oder 500 € monatlich ca. 80 € nach Hause zu schicken.

### Der Mensch hat den Stellenwert einer Maschine

**W.W.:** Arbeiten die ausländischen Arbeitnehmerinnen und Arbeitnehmer unerkennbar unter und mit der Stammbelegschaft in den verschiedenen Schlachtbetrieben in Deutschland, und verrichten sie die gleiche Arbeit?

**M. Nieberg:** Ja, genauso ist es, und so hat sich Deutschland gerade im Fleisch-, Schlacht- und Zerlegebereich zum Billiglohnland in Mitteleuropa entwickelt. Die Firma Danish Crown, die weltweit tätige Unternehmensgruppe in der fleischverarbeitenden Lebensmittelindustrie mit Sitz in Dänemark, hat z.B. mehrere Schlachthöfe in Deutschland aufgekauft und gerade vor kurzem angekündigt, in Dänemark 1.000 Schlachter freizusetzen, da sie in Dänemark natürlich ein Vielfaches gegenüber den Billiglöhnern in Deutschland kosten. Diese Billiglöhner sind deswegen so billig, weil der Schlachtbetrieb in Deutschland mit den gesetzlichen Regelungen in bezug auf die Billiglöhner nichts mehr zu tun hat, also mit Krankmeldungen, mit bezahlten Urlaubstagen usw. Die Schlachtbetriebe kontrollieren oft nur noch den Output in der Fabrik, und wenn eine der Werkvertragsfirmen zu wenig leistet, wird bei dieser angerufen, so daß die Werkvertragsfirma aus den Unterkünften im Umland oder sogar spontan aus dem Ausland die restliche Anzahl von Billiglöhnern liefert, damit die Produktion wieder rund läuft. Wir haben Arbeiter kennengelernt, die rund um die Uhr zur Verfügung standen, und nach oft nur zwei Stunden Pause mußten sie mitten in der Nacht wieder ans Band, weil eine große Lieferung eingetroffen war. Das Ganze ist ein sehr unmenschliches und anonymes System, und der Stellenwert eines Arbeitnehmers ist nur noch dem einer Maschine gleichzusetzen.

Die Zeiten des ehrbaren Schlachthofbetreibers aus vergangenen Zeiten, der sicherlich noch hin und wieder durch die Reihen seiner Arbeitnehmerinnen und Arbeitnehmer ging, den einen oder anderen Vorarbeiter noch beim Namen und vielleicht auch noch seine Kinder kannte – diese Zeiten sind restlos vorbei.

**W.W.:** Warum kauft sich Danish Crown in Deutschland ein, warum ordern sie nicht ihrerseits von Dänemark aus über Werkvertragsfirmen Billiglöhner?

**M. Nieberg:** Das geht nicht, weil es in Dänemark Mindestlöhne gibt. Dort gibt es entsprechende Tarifverträge, und der Lohn eines Schlachters liegt deutlich über 20 € pro Stunde. Auch ist der Schlachterberuf dort noch ein ehrbarer Beruf, so wie es auch früher in Deutschland der Fall war. Aber die Billiglöhner in Deutschland sind nur noch Hilfsarbeiter, Produktionshelfer, Verpackungshelfer. Und das ist keineswegs mehr der ehrbare Beruf der Vergangenheit, in der Schlachthofmitarbeiter ihrerseits andere Menschen motivierten, sich bei ihrer Firma zu bewerben.

## Mit kriminellen Machenschaften über den Tisch ziehen

**W.W.**: Mit welchen falschen Versprechungen werden die Arbeitnehmerinnen und Arbeitnehmer in Bulgarien und Rumänien angelockt, welcher Lohn wird ihnen versprochen?

**M. Nieberg:** Es gibt in Rumänien und Bulgarien Anzeigen im Internet, und man erkennt die Unserösität der Anbieter meistens schon daran, daß nur Handynummern als Kontaktadresse angegeben werden. Und diese Handynummern existieren fast grundsätzlich nach einigen Wochen nicht mehr, denn z.b. auch der rumänische Staat hat mittlerweile die Gesetze verschärft, weil man zunehmend bemerkt, daß die eigenen Leute mit kriminellen Machenschaften über den Tisch gezogen werden. Trotzdem gibt es diese Vermittler immer noch. Wie gesagt, eine solche rumänische Werkvertragsfirma müßte eigentlich einen Schlachthof betreiben, um überhaupt Schlachthofmitarbeiter entsenden zu dürfen. Aber dem ist in Wirklichkeit nicht so, denn oft handelt es sich nur um Ein-Mann-Betriebe bzw. einen Vermittler mit einer Handynummer. Hin und wieder sind es auch Arbeitsvermittlungsagenturen, die den Menschen 1.200 bis 1.600 € Monatseinkommen offerieren plus freie Logis und freie Kost sowie freie Fahrt nach Deutschland und zurück.

Oft wird vorgegeben, daß man für einen begrenzten Zeitraum von vielleicht einem halben Jahr gutes Geld verdienen könne. Und wenn man sich vor Augen hält, daß der Mindestlohn in Rumänien etwa 200 € beträgt und der durchschnittliche Arbeiter in Rumänien weit unter 500 € verdient, ist dieses fiktive Lohnangebot durchaus lukrativ. Ganz besonders unter der Landbevölkerung, wo hohe Arbeitslosigkeit herrscht, scheint dies ein verlockendes Angebot zu sein. Denn gerade unter der Landbevölkerung Rumäniens herrscht eine starke Perspektivlosigkeit.

### Mit hohen Erwartungen nach Deutschland

Aber diese Menschen empfangen über Satellit westliche Fernsehprogramme und hoffen auf ein besseres Leben. Deswegen kommen sie mit hohen Erwartungen nach Deutschland. Sie setzen sich einfach in einen von den Werkvertragsfirmen gestellten Bus und wissen meist gar nicht – das haben wir immer wieder festgestellt –, wohin sie fahren. Wir waren erschrocken über die große Naivität vieler dieser Menschen. Sie bekommen oft keine Arbeitsverträge, sondern werden mit einem Bus irgendwo an einen Ort nach Deutschland kutschiert und leben dann einige Monate oder gar Jahre in einer Baracke und werden stundenweise, oft auch nachts, zur Arbeit abkommandiert und wesentlich schlechter bezahlt, als man ihnen ursprünglich offerierte. Ihnen werden Vorarbeiter vorgesetzt, die sie kontrollieren und die oft mit Bestechungsgeldern gnädig gestimmt werden müssen, weil sie die Arbeiten vergeben, die die Billiglöhner benötigen, um auf eine bestimmte Stundenzahl zu kommen. Die Menschen sind also einer ziemlichen Willkür ausgesetzt. Das haben wir während unserer Recherche erschreckenderweise immer wieder festgestellt. Das ist zwar nicht bei allen Firmen so, aber bei einem deutlich hohen Prozentsatz. Solche Firmen werden mit hoher krimineller Energie geführt.

### Sechs Menschen auf einem Zimmer ohne Privatsphäre

**W.W.:** Können Sie die unwürdigen Wohnbedingungen der Billiglöhner noch ein wenig deutlicher schildern, so, wie Sie sie selbst wahrgenommen haben?

**M. Nieberg:** Wenn die teils sehr großen Massen von Schlachthofmitarbeitern anrücken, steht der jeweilige Schlachthof vor dem Problem, sie unterbringen zu müssen, was er mit seiner Stammbelegschaft nie machen mußte. Auf dem Land gibt es oftmals keine geeigneten Wohnheime oder Mehrfamilienhäuser. Dort wird dann alles angemietet, was irgendwie zur Verfügung steht. Die Schlachthofbetreiber sind meist wohlhabende Menschen, haben demzufolge oft auch verschiedene Wohnungen angekauft, z.B. irgendeinen Bungalow, der in der Nähe eines Waldrands steht. Solche Häuser gibt es oft für günstiges Geld, und sie werden keineswegs renoviert. Die Billiglöhner werden dann in diese Häuser verfrachtet und teilen sich zu zweit, zu dritt oder zu viert ein Zimmer. Wir haben sogar sechs Menschen auf einem Zimmer gesehen. Dort gibt es dann kaum eine Privatsphäre: Der Koffer ist unter dem Bett, und diese Menschen teilen sich das Bad und die Küche meistens auch. Es entstehen natürlich aufgrund der Unzufriedenheit Spannungen, z.B. weil sie mit der Arbeit oder mit dem Lohn hingehalten werden und weil sie fern von der Familie und den Freunden sind.

**W.W.:** Gibt es weitere Kontrollen des Privatlebens? Dürfen sie frei ausgehen, oder werden sie mehr oder weniger kaserniert?

**M. Nieberg:** Das muß man differenzieren, denn es gibt Tausende von Werkvertragsfirmen. Kürzlich geriet die Meyer-Werft in Verruf, weil im Juli 2013 zwei Leiharbeiter aus Rumänien in einer überbelegten Unterkunft in Papenburg durch ein Feuer ums Leben kamen. Hierzu muß man wissen, daß die Meyer-Werft etwa 1.500 Werkvertragler unter Vertrag hat. Mit der Meyer-Werft entstand allerdings nach diesem schrecklichen Vorfall die bundesweit erste Vereinbarung, die Probleme im Bereich der Werkverträge aufgegriffen hat und verbindliche Regelungen zur Bekämpfung von Mißständen eingeführt hat. Man hat nur auf dieser Werft genauso wie bei den Schlachtbetrieben Hunderte Werkvertragsfirmen unter Vertrag, bei denen dann die einzelnen Werkvertragler beschäftigt sind. Und nicht alle diese Firmen arbeiten unseriös.

Man sollte also an dieser Stelle auch betonen, daß es seriöse Leiharbeitsfirmen und Werkvertragsfirmen gibt. Erschreckend aber ist dieser hohe Prozentsatz der unseriös arbeitenden Werkvertragsfirmen. Ich schätze, daß etwa 20 bis 30 % aller Werkvertragsfirmen unseriös arbeiten. Und sie arbeiten mit hoher krimineller Energie, indem sie Löhne, Steuern und Sozialleistungen unterschlagen und beschädigten Wohnraum zu hohen Kosten abrechnen.

## Menschen hausten im Schweinestall

Wir haben auf einem Schlachthof ein Wohnhaus entdeckt, in dem bis zu 80 Menschen untergebracht waren. Und das war ein ehemaliger Schweinestall, der nie als Wohnraum ausgewiesen war, wo die Menschen ohne Wohngenehmigung hausten. Diese Verhältnisse sind ziemlich übel, es gleicht einer Kasernierung mit hoher Sozialkontrolle. Die Vorarbeiter, die meistens auch aus den jeweiligen osteuropäischen Ländern kommen, werden etwas höher bezahlt, weil sie die Schichten einteilen und die Menschen kontrollieren, z.B. wenn sie außerhalb des Wohnbereichs in ein Internetcafé gehen oder telefonieren. Sie wissen natürlich, daß es Ärger gibt, wenn diese Verhältnisse herauskommen, also versuchen sie, die Menschen in ihren Grundrechten möglichst weit einzuschränken.

Wir haben mit Menschen gesprochen, denen die Pässe weggenommen wurden, wir haben von Fällen gehört, in denen die Menschen abends nicht nach draußen gehen durften, sie durften nicht nach Hause telefonieren oder mit ihrem Auto fahren, sofern sie eines hatten. Diese Menschen sind also über viele Monate wirklich absolut menschenunwürdig untergebracht. Ich habe mit eigenen Augen eine Unterkunft gesehen, in der wir einen Kühlschrank zur Seite schoben, unter dem dann Dutzende von Kakerlaken zum Vorschein kamen.

Und an diesen schäbigsten Unterkünften verdienen zum Teil wieder die Schlachthofbetreiber mit, weil es u.a. ihre eigenen Häuser sind, die sie für teures Geld weitervermieten. Oft sind es aber auch deutsche Landwirte oder andere Deutsche, die ihren alten Bungalow für gutes Geld loswerden können. Wenn man hochrechnet, daß 20 Billiglöhner etwa 200 € im Monat zahlen, kommt man auf eine Monatsmieteinnahme von 4.000 € für ein normales Einfamilienhaus. Und das ist jenseits aller ortsüblichen Mieten, denn ein solcher Bungalow würde unter normalen Umständen allerhöchstens 600 € bringen.

**W.W.:** Kann man mit einem Nutzungsuntersagungsverfahren gegen diese unwürdigen Wohnbedingungen vorgehen?

**M. Nieberg:** Ja, das kann man, und einige Landkreise versuchen das auch. Der Landkreis Vechta, wo viele dieser Schlachthöfe liegen, hat dies auch gemacht. Von Januar bis Juni diesen Jahres wurden dort über 500 Unterkünfte kontrolliert. Aber die Kontrolleure haben sich immer angemeldet, so daß man noch präventiv die Zustände in den Wohnungen verbessern konnte. Aber immerhin war es ein ernstzunehmender Versuch. Mitunter wurden auch Untersagungen ausgesprochen, aber als Vermieter hat man rechtlich weitgehend freie Hand, wie man die Menschen bei sich wohnen läßt. Natürlich kann man Untersagungen aussprechen, aufgrund von unhygienischen Zuständen, aufgrund von Brandschutzbestimmungen usw., aber auch das ist ein sehr schwieriges Terrain. Außerdem sind dabei immer wieder drei oder vier verschiedene Ämter beteiligt, die man gemeinsam zu einer Kontrolle in die Wohnungen bewegen müßte, und das ist bei den vielen Wohnungen, die z.B. im Landkreis Vechta bestehen, fast unmöglich. Alles ist relativ schwierig. Natürlich kann man die Menschen, die in dieser Gegend wohnen, auffordern, selbst in diese Wohnungen zu schauen, mit den Menschen zu sprechen, und dann kann man aus

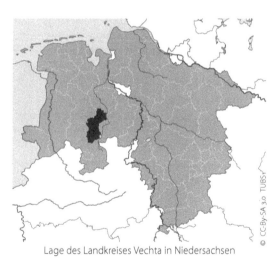

Lage des Landkreises Vechta in Niedersachsen

eigenem Bauchgefühl schon selbst feststellen, daß hier einiges nicht in Ordnung ist. Und dann kann man auf die Behörden zugehen und diese Verhältnisse melden.

### Parallelwelt in Deutschland

**W.W.:** In Ihrem Film wird gezeigt, wie Sie mehrfach auf die Gelände dieser Wohnungen gehen wollten, um mit den Menschen zu sprechen, und wie Sie vom Werkschutz oder bei einer Briefkastenfirma abgewiesen wurden. Was ist da genau vorgefallen?

**M. Nieberg:** Überall herrscht eine Mauer des Schweigens. Bei den Schlachtfirmen sowieso, bei den kriminellen Werkvertragsfirmen erst recht, und diese zu finden war schon ein großes Kunststück, weil es oft nur Briefkastenfirmen waren, die wiederum mit anderen Briefkastenfirmen verschachtelt waren. Wenn man bei einer solchen Briefkastenfirma klingelte, wurde einem die Tür vor der Nase zugeschlagen. Auf dem Gelände bzw. in den Häusern der Billiglöhner wurde einem grundsätzlich vom Werkschutz der Zutritt verweigert, so gut wie immer ohne jede Begründung. Wenn überhaupt, bezogen sie nur schriftlich Stellung. Bei den Bungalows warfen uns die Vermieter sofort wieder raus, und man sah ihnen grundsätzlich das schlechte Gewissen an der Nasenspitze an.

Aber auch die Werkvertragsmitarbeiter aus Südeuropa sprachen so gut wie nie mit uns, weil sie Angst haben. Denn sie wissen, daß man aufgrund solcher „Vergehen" fristlos entlassen wird. Wenn einer mit der Presse redet, stehen viele andere gleich unter Generalverdacht. Überall herrschte Schweigen und Angst, und das war sehr erschreckend! Wir erlebten hier mitten unter uns in Deutschland, wie wir in eine Parallelwelt eintauchten, die sich in den letzten Jahren wie ein Krebsgeschwür entwickelt hat, eine Welt, in der die Menschen in ungeheurer Angst leben, ihren Job zu verlieren. Das hatten wir nicht für möglich gehalten, denn wir dachten, wir leben in einer sozialen Marktwirtschaft, in der gesetzlicher Kündigungsschutz und Arbeitermitbestimmung herrschen – aber von alledem war hier nichts zu spüren. Und immer wieder sah man im Hintergrund den unsichtbaren Vorarbeiter, der die Billiglöhner dermaßen einschüchtert, daß fast niemand auch nur ein Wort sagen wollte. Es hat sehr lange gedauert, bis wir Vertrauen zu einigen von ihnen aufgebaut hatten.

**W.W.:** Gibt es zwischen den kriminellen Werkvertragsfirmen und den Arbeitnehmerinnen und Arbeitnehmern überhaupt Arbeitsverträge?

**M. Nieberg:** Auch hier muß man differenzieren. Bei den vorhin erwähnten Firmen haben die Menschen Arbeitsverträge, auch bei der W-Gruppe. Bei anderen Schlachtbetrieben gibt es keine schriftlichen Verträge. Die Menschen aus dem Osten kommen auf gut Glück und mit einem gewissen Gottvertrauen nach Deutschland und bekommen die relativ niedrige Lohnsumme am Monatsende nach Gutdünken ausgezahlt. Wir haben aber auch Scheinverträge gesehen, die völlig sittenwidrig sind, wo z.B. ein Rumäne, der überhaupt keine Arbeitserlaubnis hat, bei einer deutschen Werkvertragsfirma angestellt ist. Hier wird oft auch im nachhinein Kosmetik betrieben. Es gibt z.B. Schlachthöfe, die 300 bis 400 Menschen in Schwarzarbeit beschäftigen, und wenn die Sache auffliegt, noch schnell im nachhinein irgendwelche Scheinverträge ausstellen; meist ohne Unterschrift der Arbeitnehmer. Hier haben wir die unterschiedlichsten und haarsträubendsten Scheinverträge gesehen, von gefälschten Arbeitsbescheinigungen bis hin zu ungültigen Arbeitsverträgen oder gefälschten Sozialversicherungsnummern und Krankenversicherungsbescheinigungen. Das war und ist ein erschreckendes Spektrum. Auch wenn es vielleicht nur ca. 20 bis 30% aller Werkvertragsfirmen betrifft, so betrifft es doch Tausende von Werkvertragsarbeitern, die hier unter unwürdigsten Zuständen beschäftigt sind.

### Es herrscht Unruhe

**W.W.:** Inwieweit geht die Staatsanwaltschaft gegen dieses ungesetzliche Geflecht von Arbeitsverträgen und Beschäftigungsverhältnissen vor?

**M. Nieberg:** Beruhigend finde ich, daß der Staat derzeit ziemlich energisch durchgreift. Ob es erfolgreich enden wird, muß man sehen, denn die Schlachtbetriebe und andere Firmen ändern natürlich auch ihre Taktik. Von seiten der Staatsanwaltschaft oder von seiten der Steuerfahnder geht man mittlerweile ganz gezielt mit kleinen Trupps in die Firmen hinein und läßt sich von den Mitarbeitern gezielt nur noch ihre Werkverträge zeigen. Es herrscht also momentan ein Zustand der Unruhe, was man auch daran erkennen kann, daß plötzlich vielerorts Arbeitsverträge an die Werkvertragsmitarbeiter verteilt werden, mit denen sie aufgefordert werden, ein Konto zu eröffnen. Aber die Ermittler geben auch ganz offen zu, daß es sehr langwierige Prozesse sind. Es gibt Verfahren, bei denen allein die Ermittlungen ein bis zwei Jahre dauern. Und das sind Zeiträume, in denen es eine Briefkastenfirma längst nicht mehr gibt und dieselben Menschen bereits drei neue Firmen aufgemacht haben. Die Menschen mit krimineller Energie sind dem Staat offenbar immer um einige Nasenlängen voraus.

## Wer krank ist, fliegt raus

**W.W.:** Was geschieht, wenn die Werkvertragsarbeiter krank werden? Werden sie gnadenlos gefeuert?

**M. Nieberg:** In diesem Zusammenhang haben wir schlimme Dinge erlebt. Nachdem wir einige Monate gedreht hatten, sprach es sich herum, und es kamen zunehmend mehr Menschen initiativ auf uns zu. Wir haben Menschen gesehen, die sich in dem keineswegs ungefährlichen Job auf den Schlachthöfen schwer verletzt haben, z.B. mit Schneidwerkzeugen. Sehr viele Menschen, die krank waren, wagten es nicht, sich krankzumelden, weil sie ständig hörten, daß sie dann nicht weiterbeschäftigt werden. Wir haben auch glaubhafte Schilderungen von Menschen gehört, die sich krankgemeldet haben bzw. von Frauen, die schwanger wurden, die alle umgehend aus der Arbeit rausgesetzt wurden. Sie wurden einfach nicht mehr zur Arbeit eingeteilt bzw. nicht mehr in die Firma hineingelassen.

Sie werden also nicht aufgrund arbeitsrechtlicher Bestimmungen gekündigt. Aber meistens haben sie ohnehin keinen Vertrag, und es wird ihnen einfach mitgeteilt, daß man für sie keine Arbeit mehr habe und sie zurück nach Rumänien zu fahren hätten. Nicht selten arbeiten diese Menschen schon drei Jahre bei uns in Deutschland, und sie hätten Anspruch auf Sozialleistungen. Aber sie können überhaupt nicht beweisen, daß sie gearbeitet haben, da sie weder Arbeitsvertrag noch Anmeldungen bei sich haben, und es ist für die Behörden kaum nachzuvollziehen, ob diese Menschen wirklich schon längere Zeit hier gearbeitet haben. Mittlerweile gibt es bei den Behörden gewisse Kulanzregelungen, weil man weiß, daß es sich nicht um die berüchtigten Sozialschmarotzer handelt, denn es sind Menschen, die ein, zwei oder drei Jahre hier gearbeitet haben, dies aber lediglich nicht beweisen können.

## Sklaven in Deutschland

**W.W.:** Man kann also als Fazit sagen, daß wir bei uns in Deutschland, ähnlich wie in Asien und Afrika in den Exportproduktionszonen, auch Bereiche haben, in denen moderne Sklaven arbeiten?

**M. Nieberg:** Ja. Es hat sich ungefähr in den letzten zwölf Jahren ein zweiter Arbeitsmarkt gebildet, den man in der Öffentlichkeit und in den Behörden gar nicht so richtig mitbekommen hat, ein Arbeitsmarkt von Billiglöhnern. Dieser Arbeitsmarkt ist anscheinend mittlerweile gesellschaftlich toleriert, und die Mitleidsschwelle ist allgemein sehr hoch gestiegen. Dieser Prozeß hat sich schleichend etabliert. Zuerst kannte man das von den polnischen Spargelstechern, die man nur als Saisonarbeiter wahrnahm. Man hat sich an ihre Sammelunterkünfte gewöhnt und ging davon aus, daß sie nach jeweils zwei oder drei Monaten wieder in Polen sind. Auf diese Weise hat man sich das Ganze vermutlich schöngeredet und nicht mitbekommen, daß mittlerweile seit vielen Jahren dauerhaft Beschäftigte unter uns leben und arbeiten. Die Menschen, die aus Südosteuropa hierherkommen, wollen eigentlich dauerhaft hierbleiben. Vielleicht kommen sie zunächst nur für ein halbes Jahr, aber im Hinterkopf haben sie sehr wohl die Perspektive, auf immer hierzubleiben und sich ein neues Leben aufzubauen. Das sind zum Großteil sehr fleißige Menschen.

Ein Sozialarbeiter, der sich um einige dieser Billiglöhner kümmert, hat uns auch dargelegt, daß man bedenken muß, wie wir diese Menschen hier bei uns in Deutschland begrüßt haben, und daß wir langfristig bedenken sollten, was diese Menschen über Deutschland denken werden, wenn sie es später so empfinden, daß sie hier nur Menschen zweiter Klasse sind. Und wir sollten alle bedenken, wie diese Menschen in einigen Jahren über uns denken werden, wenn sie ihren Job verlieren und trotzdem mit ihrer Familie hierbleiben, sich aber ein Einkommen auf legale oder nicht legale Weise sichern müssen! Das fand ich einen sehr bemerkenswerten Gedankengang; denn wenn man sich selber einmal in die Rolle dieser Zuwanderer versetzt, wenn man also irgendwann merkt, daß man nur ein Drittel oder gar ein Fünftel des Lohns der regulär Beschäftigten verdient, aber die gleiche Arbeit erledigt, dann kommt man sich mindestens verschaukelt vor.

**W.W.:** Hier könnte ein absolutes Wutpotential entstehen.

**M. Nieberg:** Genau.

### Wirtschaftsmacht im Schattenreich

**W.W.:** Kann man ungefähr schätzen, wie viele Billiglöhner im Bereich der unwürdigen und illegalen Werkvertragsfirmen in der Fleischindustrie Deutschlands arbeiten?

**M. Nieberg:** Das ist ganz schwer zu schätzen. Aber wir haben ein Netzwerk aufgetan, bei dem mindestens drei- bis viertausend Werkvertragsarbeiter arbeiten, zum Großteil in Schwarzarbeit. In Wirklichkeit sind es selbstverständlich sehr viel mehr. Wenn man sich vorstellt, daß bei einem Werkvertragsunternehmer pro Stunde pro Werkvertragsarbeiter drei bis sechs € hängenbleiben, dann kann man sich ausrechnen, wieviel sie an diesen Tausenden verdienen. Gleichfalls kann man sich auch ausrechnen, welche Wirtschaftsmacht in diesem Schattenreich entstanden ist. Gewerkschaftler vermuten, daß lediglich im niedersächsischen Bereich etwa 10.000 Menschen in diesem ungeregelten und nicht immer legalen Werkvertragsbereich arbeiten, und zwar unter diesen unmenschlichen Bedingungen.

**W.W.:** Wer steuert letztlich dieses ganze Geflecht in der Fleischindustrie, wo sitzt die Zentrale?

**M. Nieberg:** Ein Ergebnis unserer Recherche war, daß es drei oder vier große Netzwerke in Deutschland gibt, die von wenigen gesteuert werden. Das war auch die Erkenntnis der Staatsanwaltschaft von Düsseldorf, von der aus man ein großes flächendeckendes Verfahren führt. Sie haben z.B. Hausdurchsuchungen an 90 verschiedenen Orten in ganz Deutschland vorgenommen, in Büros und Privatwohnungen. Sie haben auch den Verdacht, daß hier sehr viel mit Strohmännern gearbeitet wird, daß es auch Verbindungen ins Rockermilieu gibt, daß also auch Rocker in Nadelstreifen solche Briefkastenfirmen betreiben. Es gibt also den Verdacht, daß es mehrere illegale Netzwerke gibt, welche die Werkvertragsarbeiter nicht anmelden und welche die Leute unterdrücken und schlecht unterbringen. Diese Netzwerke sind auch schon seit vielen Jahren bei den Behörden bekannt, und es sind eigentlich immer dieselben Personen, die das managen. Es gab auch schon spektakuläre Prozesse mit dem Ergebnis von Inhaftierungen wegen Steuerhinterziehung. Aber das reicht nicht als Abschreckung, denn in diesem Metier wird so viel Geld verdient!

### Die Würde des Menschen wird nicht berücksichtigt

Und an diesem Punkt hat auch bei uns selbst eine große Verwunderung eingesetzt, denn es handelt sich um Schlachtbetriebe, die vielleicht noch vor 20 Jahren ehrbare Firmen mit ehrbaren Kaufleuten waren, die aber heute solche Netzwerke mit diesen illegalen Methoden steuern. Das ist eine erschreckende Entwicklung. Es ist eine große Frage, warum eine Firma, die gute Produkte herstellt und die auf dem Markt einen guten Ruf hat, zu solchen Praktiken greift und in solche Netzwerke einsteigt. Und hier versickern zig Millionen Euro im schattigen oder dunklen Bereich.

Als Gesellschaft und als Mensch sollten wir uns fragen, ob wir so etwas tolerieren wollen. Wollen wir in Deutschland Schwarzarbeit, wollen wir in Deutschland diese Lohnsklaverei befeuern? Für mich ist es darüber hinaus eine große Frage, warum Unternehmer dies machen, denn am Ende steht immer die ethische Frage, die sich nicht befriedigend beantworten läßt. Hier wird die Würde des Menschen nicht berücksichtigt.

**W.W.:** Das betrifft aber doch nicht etwa die gesamte Branche der Fleischindustrie? Gibt es nicht auch noch im alten Sinne ehrbare Kaufleute?

**M. Nieberg:** Selbstverständlich. Und man kann nicht sagen, daß die großen Firmen die sogenannten Bösen, die kleinen die sogenannten Guten sind, denn das gesamte Geflecht der verschiedenen Firmen untereinander und mit diesen Werkvertragsfirmen ist sehr vielschichtig. Es kann sein, daß man zum Fleischer um die Ecke geht, der sein Fleisch vom Bauern nebenan bezieht, der wiederum aber trotzdem in seinem Hinterhof einen Wohnwagen stehen hat, in dem einige Erdbeerpflücker hausen und für drei Euro bei ihm arbeiten. Das ist mittlerweile ein flächendeckendes und branchenübergreifendes Problem, und hier zwischen Gut und Böse zu unterscheiden ist keineswegs einfach. Es gibt auch große Schlachtbetriebe, die in gutem Sinne voranschreiten und einen Mindestlohn erwägen, die die Arbeitsbedingungen verbessern wollen und die sogar planen, für die Schlachthofmitarbeiter ordentliche Wohnheime zu bauen.

**W.W.:** Was haben Sie selbst empfunden, als Ihnen dieses System langsam dämmerte?

**M. Nieberg:** Ich war sehr erschrocken. Zuerst haben wir gesehen, wie die Menschen in den unwürdigen Unterkünften untergebracht wurden, haben dann die unwürdigen Arbeitsbedingungen näher beleuchtet und schließlich entdeckt, daß es hier ein sehr großes Geflecht von mindestens 100 dubiosen Unterfirmen gibt, die am Rande der Legalität arbeiten, wo fast alles verschachtelt und verschleiert wird. Als Fazit kann man sagen, daß hier eine Unterwelt entstanden ist, daß das Geld aus den Dumpinglöhnen am Staat und den Sozialsystemen vorbeigeschleust wird und sich ein kleinerer Kreis von Menschen damit eine goldene Nase verdient. Das hätte ich, ehrlich gesagt, nicht für möglich gehalten! Man kennt dies aus Hollywood-Filmen, aber daß es hier oft genauso ist, daß es solche Unterweltbosse gibt, die von Bodyguards bewacht werden, die mit Luxuslimousinen ausgestattet sind, die mit leichten Mädchen handeln und die ihre Werkvertragsarbeiter mit Wachpersonal und Wachhunden kontrollieren – das finde ich ausgesprochen entsetzlich!

☞

### Ein Film mit großer Wirkung

**W.W.:** Was hat Ihr Film bewirkt?

**M. Nieberg:** Er hat eine Menge bewirkt. Ich bin jetzt seit vielen Jahren in diesem Geschäft tätig, aber dies war ein besonderer Film, zu dem sogar die Bundekanzlerin ein Statement abgegeben hat. Außerdem ist anschließend der niedersächsische Ministerpräsident Stephan Weil durch die Lande gereist, um von uns gezeigte Unterkünfte zu besichtigen. Der Film hat auch die Diskussion um den Mindestlohn befeuert. Erwähnen sollte man allerdings, daß die Ausstrahlung dieses Films im Bundestagswahlkampf 2013 erfolgte, und deswegen müssen wir sehen, was von den vielen Versprechungen übrigbleibt. Denn vieles könnte auch Aktionismus der Politiker sein.

Viele haben sich auch den Mindestlohn auf die Fahnen geschrieben, der m.E. gar nicht die Lösung ist, um *dieses* Problem zu bewältigen. Es gibt so viele Wege, um die Gesetze und eben auch den Mindestlohn zu umgehen, vor allem, wenn es sich um ausländische Firmen handelt. Denn die polnischen, rumänischen, bulgarischen Werkvertragsfirmen sind nun einmal keine Tarifvertragspartner in Deutschland, das muß man ganz klar sehen! Es wurden zwar erste Erfolge verkündet, daß sich die Tarifpartner in der Fleischindustrie auf Mindestlöhne geeinigt haben, aber da die ausländischen Werkvertragsfirmen keine Tarifpartner sind, können sie machen, was sie wollen. Es gibt also mehr Umgehungsmöglichkeiten als Einschränkungsmöglichkeiten.

Der beste Weg ist m.E. eine sehr viel stärkere, engmaschigere Kontrolle. Sehr viele Unternehmer sind sogar auf uns zugegangen und haben uns mitgeteilt, daß sie ein kleines Unternehmen führen, in dem alle zwei Jahre eine Prüfung stattfindet, und daß sie nicht verstehen, wie es möglich ist, daß auf einem Schlachthof 400 bis 500 Menschen arbeiten, die unter dem Verdacht stehen, schwarzzuarbeiten, die keine erforderlichen Papiere haben, die aber nicht von den Kontrollen erfaßt werden. Es müssen also viel stärkere Kontrollen stattfinden. Die notwendigen Gesetze sind vorhanden.

# Für ein Menschenrecht auf Migration

Artikel von Johannes M. Wagner

*„Die Würde des Menschen ist unantastbar. Sie zu achten und zu schützen ist Verpflichtung aller staatlichen Gewalt."* – Grundgesetz der Bundesrepublik Deutschland

Oft ist die Rede von „unwürdigen Verhältnissen", wenn Menschen unter Bedingungen leben müssen, die unseren Vorstellungen von Grundrechten und Menschenwürde nicht entsprechen. Als „würdevoll" hingegen empfinden wir Bedingungen, die ein Leben erlauben, das unseren moralischen Vorstellungen für den Umgang mit Menschen entspricht: Wir würden uns wünschen, daß es uns ebenso erginge, daß an uns ebenso gehandelt würde.

Die Würde ist also stets die Würde des Menschen und seiner Lebensrealität. Doch der Grat ist schmal. Groß geschrieben, beschreibt dieses Wort eine zentrale Bedingung unserer gesellschaftlichen Ordnung – klein geschrieben ist es jedoch ein Hilfsverb, das den grammatischen Modus des Konditional anzeigt und somit eine Realität konstruiert, deren Existenz implizit bereits ausgeschlossen wird: „Ich würde dir ja helfen, aber …".

Auch die Menschenwürde ist bedauerlicherweise manchmal nur ein Konditional, ein Zustand, der sich gerade dadurch auszeichnet, daß er *nicht* gegeben ist. Mit solcher An- und Abwesenheit von Menschenwürde beschäftigt sich dieser Artikel – und sucht dabei nach Wegen, sie zurückzugewinnen.

### Die Würde des Menschen steht am Urbeginn des deutschen Rechts

In unserem Rechtsverständnis ist die Menschenwürde die Grundlage aller Menschenrechte bzw. Grundrechte – nicht umsonst ist sie in Artikel 1 Satz 1 des bundesdeutschen Grundgesetzes allen anderen Regeln und Gesetzen der Bundesrepublik vorausgeschickt worden. Die Grundrechte, als dauerhafte und einklagbare Abwehrrechte der Gesellschaftsmitglieder gegenüber dem Staat sowie als Verhaltensmaximen untereinander, beruhen auf der in der Menschenwürde formulierten Grundsouveränität eines jeden Individuums in der Gesellschaft – der Staat darf nicht bestimmen, wer oder was der Mensch selbst ist, er darf nicht eingreifen in den Menschen selbst, sondern nur in seine Beziehungen zu anderen Menschen und den Organen der Gesellschaft.

Dies war für die Väter und Mütter des Grundgesetzes[1] zum einen eine Konsequenz aus den Ereignissen der ersten Hälfte des 20. Jahrhunderts. Die Paradigmen des faschistischen Totalitarismus im Sinne des nationalsozialistischen *„Du bist nichts, Dein Volk ist alles"* sollten aufgebrochen und der einzelne Mensch als Grundlage des Staates verstanden werden. Zum anderen spielte natürlich auch eine Abgrenzung vom sozialistischen Paradigma des deutschen Nachbarstaats eine Rolle: Die junge Bundesrepublik wollte deutlich machen, daß ihre angestrebte bürgerlich-liberale Grundordnung die unantastbare Individualität des einzelnen Menschen eindeutig über das politisch verhandelbare Wohl des Staates stellte.

Nun sind die im Grundgesetz der Bundesrepublik formulierten Grundrechte nicht – wie im ersten Satz vielleicht etwas vorschnell suggeriert – bedeutungsgleich mit den Menschenrechten, wie sie etwa in der Allgemeinen Erklärung der Menschenrechte der Vereinten Nationen festgehalten und in entsprechenden internationalen Pakten weiter ausformuliert wurden. Die Menschenrechte finden ihre philosophischen Wurzeln im Naturrecht, manifestiert im Rahmen der Französischen Revolution im August 1789. Hier geht man davon aus, daß alle Menschen von Geburt an und unmittelbar aus ihrer Natur als Menschen heraus mit bestimmten Rechten ausgestattet seien, die ihnen nicht entzogen werden und die sie nicht abgeben können. Die amerikanische Unabhängigkeitserklärung im Juli 1776 hatte ganz ähnliche Rechte damals noch als vom Schöpfer an die Menschen verliehen gesehen.

Das Grundgesetz vom Mai 1949 jedoch beruft sich als sogenanntes „positives Recht" weder auf die Natur noch auf Gott. Vielmehr bezieht es seine Legitimation schlicht aus dem Akt der Rechtsetzung selbst, die gleichsam die Grundlegung des Staates und damit auch die Schaffung von Bürgerinnen und Bürgern darstellt. Die Würde des einzelnen Menschen an den Urbeginn des Rechts zu setzen und damit quasi zur Vorbedingung allen Rechts des Staates zu machen ist ein wirklich bemerkenswerter Schritt der Mütter und Väter des Grundgesetzes.

### Rostock-Lichtenhagen: *„Deutschland den Deutschen!"*

Die Grundrechte der Artikel 1 bis 19 des Grundgesetzes sind als Grundstein des Verfassungsgebäudes die Grundlage des Staates selbst. Sie sind als subjektive Rechte des Individuums einklagbar und binden den

---

[1]  Vier der insgesamt 77 Mitglieder des Parlamentarischen Rates waren Frauen.

Staat und seine Organe als unmittelbares geltendes Recht. Gleichzeitig ist – im Gegensatz zu den Menschenrechten – im Grundgesetz auch klar umrissen, für wen die Grundrechte gelten: für die Bürgerinnen und Bürger des Staates.

Interessant ist jedoch, daß die Formulierung des Artikels 1 Satz 1 nicht lautet, die Würde *des Staatsbürgers* sei unantastbar, sondern eben *des Menschen* – der allererste und allerhöchste Satz des Grundgesetzes weist also bereits auf die allgemeine Verpflichtung des Staates hin, auch über seinen eigenen Rahmen hinaus die Würde des Menschen zu achten und zu schützen.

Ein zentrales Problem des grundgesetzlichen Begriffs der Menschenwürde besteht jedoch darin, daß eine derartige Quintessenz der gesamten Verfassungsidee notwendigerweise abstrakt genug sein mußte, daß all die mit der zu begründenden Bundesrepublik verknüpften Vorstellungen und Überzeugungen in ihr untergebracht werden konnten. Besonders konkret ist der Begriff der Menschenwürde dementsprechend nicht – und die Grundrechte, die ihn näher beschreiben und eingrenzen, sind nicht allesamt unantastbar, sondern können diskutiert und mit einer Zweidrittelmehrheit im Bundestag gegebenenfalls verändert werden.

In der Tat waren die Rechte der anderen, der Nicht-Staatsbürger, zunehmend Thema öffentlicher Debatten in der Bundesrepublik, in denen das als zu liberal empfundene Asylrecht attackiert wurde. Mit dem „Asylkompromiß" von 1992/93 wurde schließlich eine Verfassungsänderung beschlossen, die den bisherigen Artikel 16 GG (*„Politisch Verfolgte genießen Asylrecht"*) grundlegend abänderte und damit das vormals garantierte Asylrecht de facto abschaffte.

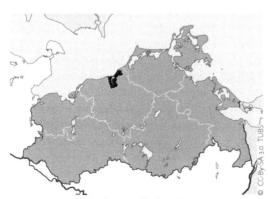

Dieser Entscheidung war eine heftige gesellschaftliche Debatte vorausgegangen. *Bild, Welt* und CDU/CSU vertraten damals eine Argumentation, wie wir sie heute eigentlich nur noch von rechtsradikalen Parteien wie der

Lage von Rostock in Mecklenburg-Vorpommern

NPD kennen, und befeuerten damit eine öffentliche Stimmung, die mit rassistischer Rhetorik den Boden für offen ausländerfeindliche Gewalttaten bereitete. Die Situation eskalierte und gipfelte schließlich in den Brandanschlägen in Rostock-Lichtenhagen, bei denen vier Tage lang aus der Bevölkerung heraus rechtsradikale Pogrome gegen Asylbewerberinnen und Asylbewerber organisiert wurden. Die Bevölkerung warf schließlich Brandsätze auf ein Wohnheim und behinderte die Löschfahrzeuge der Feuerwehr. Da sich auch die Polizei zu ihrer eigenen Sicherheit vom Tatort zurückzog, mußten die über 100 eingeschlossenen Vietnamesen und ein ZDF-Fernsehteam sich selbst einen Weg durch das Feuer ins Freie erkämpfen – während von draußen Rufe wie *„Deutschland den Deutschen!"* und *„Wir kriegen euch alle!"* aus der johlenden Menge emporschallten.

### Die Würde des Deutschen ist unantastbar?

Die Opposition aus SPD und Grünen, Gewerkschaften und Kirchen und auch der Koalitionspartner FDP hatten sich im Verlauf der Asyldebatte mit einer humanitären Argumentation und unter Verweis auf die jüngere deutsche Vergangenheit – auch Millionen Deutsche hatten im 20. Jahrhundert Asyl gefunden – gegen eine Verschärfung des Asylrechts gewandt.

Nach den Ausschreitungen von Rostock-Lichtenhagen änderte sich dies jedoch: SPD und FDP gingen nunmehr davon aus, daß die bisherige Asylpolitik keinen Rückhalt in der Bevölkerung finde, knickten im Bundestag teilweise ein und stimmten schließlich dem „Asylkompromiß" zu. Um es auf den Punkt zu bringen: Die rassistische öffentliche Stimmung hatte also die nötige Zweidrittelmehrheit für die Verfassungsänderung zur Abschaffung des allgemeinen Asylrechts geschaffen. Nur die Grünen hielten weiterhin am bisherigen Grundrecht auf Asyl fest. Sie argumentierten zusätzlich, daß die ehemaligen Kolonialmächte eine ganz eigene Verantwortung für die wirtschaftliche Misere in den Entwicklungsländern trügen, derer sie sich nicht durch eine Abschottungspolitik entziehen dürften.

Doch damit konnten sie die Verfassungsänderung nicht mehr verhindern. Das vormals allgemeine Asylrecht wurde künftig an komplizierte Bedingungen geknüpft – die Zahl der überhaupt eingereichten Asylanträge nahm in den darauffolgenden zwölf Jahren bis auf ein Zwanzigstel ab.

Das deutsche Grundgesetz hatte die Würde des Menschen also als unantastbar gesetzt – aber sollte dies auch über die Grenzen der

Bundesrepublik hinaus Geltung haben? Und was genau ist denn nun eigentlich „Würde"?

Offenbar hatte sich in den 1990er Jahren, die das wiedervereinigte Deutschland mit einem neuen, starken Selbstbewußtsein erlebten, eine Auffassung gesellschaftlich und politisch durchgesetzt, die vor allem die Würde des und der Deutschen als unantastbar ansah. Die Interpretierbarkeit des Grundgesetzes – das Verfassungsgericht bestätigte 1996 die Änderungen im Artikel 16 GG – hatte dies möglich gemacht. Die Abschaffung des allgemeinen Asylrechts widersprach offenbar nicht dem Grundsatz der Menschenwürde, zu deren Schutz alle staatliche Gewalt durch das Grundgesetz verpflichtet ist.

### In der Bundesrepublik gibt es kein Asyl

Menschen werden für Migration bestraft, sei sie aus wirtschaftlicher oder politischer Not motiviert. Wem fällt es schon leicht, seine Heimat zurückzulassen und das Glück in der Fremde zu suchen? In der Fremde ist man meist auch nicht willkommen.

In der Geschichte menschlicher Gesellschaften hat es trotzdem immer schon Migration gegeben. Not und Wohlstand sind eben relativ; stets ist das Gras auf der einen Seite des Zauns grüner als auf der anderen. Der Nationalstaat hingegen, der sich mit seinen bewachten Grenzen der Migration in den Weg stellt, ist zumindest in Deutschland nicht einmal 150 Jahre alt.

Aus der Migrationsforschung wissen wir, daß Ursachen der Migration stets auch im Zielgebiet liegen; wir sprechen hier von „Pull-Faktoren" im Gegensatz zu „Push-Faktoren", welche die Menschen aus ihrem Ursprungsgebiet vertreiben. Es läßt sich also die Frage stellen: Wenn die Bundesrepublik die migrierenden Menschen mit dem über vielfältige Kanäle verbreiteten Versprechen bürgerlicher Freiheitsrechte und wirtschaftlichen Wohlstands zur Migration verlockt, ist es dann moralisch zu rechtfertigen, die Grenzen mit Betonmauern und Stacheldrahtzäunen zu versehen sowie von Drohnen und Wachhunden patrouillieren zu lassen? Einerseits erzählt man der ganzen Welt, wie schön es bei uns sei. Andererseits versucht man alles, die Menschen von einer Immigration abzuschrecken und – wenn nötig – mit purer Gewalt, die auch den Tod in Kauf nimmt, davon abzuhalten. Warum? Können wir nicht statt dessen einen Respekt für die Kultur anderer Menschen entwickeln, leben und kommunizieren, der auch anderen Menschen mit abweichenden Lebensentwürfen als den unsrigen ihre Würde zugesteht?

Auf meiner Rechercherreise an die europäischen Außengrenzen im vergangenen Jahr (vgl. FH 118, *Sprache erschafft, Sprache vernichtet*) ist mir erst bewußt geworden, wie sehr die in die Köpfe implantierten Vorstellungen vom mitteleuropäischen Wohlstand die Migrations-bewegungen auf dem Erdball tatsächlich befeuern: Die Menschen außerhalb Europas denken vielfach, in Europa würden Milch und Honig fließen, und übernehmen vorschnell unsere von Konkurrenz und Kapitalismus geprägten Vorstellungen von einem guten Leben. Nichts ahnen sie davon, daß an der Grenze zu Europa der Tod im Mittelmeer auf sie wartet – und sie selbst, wenn sie es nach Deutschland schaffen sollten, eher in einem Lager oder der Abschiebehaft landen als im Schlaraffenland. In der Bundesrepublik gibt es kein Asyl für sie. Nur wenn sie vielleicht Glück haben, weil sie gerade einem tödlichen Bürgerkrieg entronnen sind und über die nötigen Mittel und Kontakte verfügen, dürfen sie sich ein, zwei Jahre in einem Asylbewerberheim in Berlin-Hellersdorf von Neonazis und deren Sympathisanten beschimpfen lassen.

Ich habe den verzweifelten Menschen aus Afghanistan, Palästina, Eritrea oder Darfur, die ich in Izmir an der europäischen Außengrenze traf, geraten, die Lebensgefahr eines Grenzübertritts nicht auf sich zu nehmen, sondern in der Türkei um dauerhaftes Asyl zu ersuchen. Sofern es sich nicht um Kurden handelt, werden sie dort mitunter besser behandelt als in der Bundesrepublik!

### CSU-Minister Friedrich rettet vorrangig Christen

Henning Schacht
© CC-By-SA 2.0

Hans-Peter Friedrich (2012
Ausschnitt)

Wenn tatsächlich die Würde des Menschen – und nicht nur des deutschen Staatsbürgers, der deutschen Staatsbürgerin – unantastbar sein soll, ist es dringend an der Zeit, etwas zu unternehmen. Die Lage ist ernst. Während Waren, Waffen und Wertvorstellungen aus Deutschland in alle Welt und auch in Krisenregionen exportiert werden, basiert auch heute die Migrationspolitik des christsozialen Innenministers mehr denn je auf Abschottung und Wegschauen: „Armutsflüchtlinge" wolle man nicht haben bzw. möglichst schnell wieder loswerden, so das Credo. Selbst aus dem bürgerkriegserschütterten Syrien will Innenminister Hans-Peter Friedrich nur ein begrenztes Kontingent von 5.000 syrischen Flüchtlingen aufnehmen – und feiert dies auch noch als Paradestück in Sachen humanitärer Flüchtlingspolitik. Die Versprechungen von Außenminister Westerwelle aus dem vergangenen Jahr, Deutschland werde zahlreiche syrische Flüchtlinge medizinisch auch hierzulande behandeln, scheinen mittlerweile vergessen.

Tatsache ist jedenfalls, daß man sich mit der Umsetzung der Beschlüsse reichlich Zeit läßt: Auch ein halbes Jahr nach dem entsprechenden Regierungsbeschluß im März 2013 hat noch kein einziger syrischer Flüchtling die hohen bürokratischen und finanziellen Hürden, die die Kriterien des Bundesinnenministeriums vorsehen, nehmen können – kein einziger ist bislang an seinem Bestimmungsort in der Bundesrepublik angekommen. Außerdem kann es angesichts der Zahl von über sechs Millionen Syrerinnen und Syrern auf der Flucht ohnehin als reichlich zynisch bezeichnet werden, ein schmales Kontingent von 5.000 wohlhabenden christlichen Flüchtlingen aus dem Libanon als *„größere Zahl besonders Schutzbedürftiger"*[2] zu bezeichnen. Hans-Peter Friedrich weiß wohl: Laut Zahlen der Vereinten Nationen sind etwa die Hälfte der Menschen, die ihre Wohnungen auf der Flucht vor dem Bürgerkrieg in Syrien verlassen haben, sunnitische Kinder.

### Grundrechte werden nach zweierlei Maß vergeben

Doch selbstverständlich steht die Bundesrepublik mit dieser Politik im internationalen Konzert der Mächte nicht isoliert da, vielmehr spielt sie eine Art trauriger Vorreiterrolle: Auch die Europäische Union glänzt in den letzten Jahren vor allem durch eine knallharte Abschottungspolitik. Die jüngst verabschiedete neue EU-Richtlinie kriminalisiert Flüchtlinge noch stärker als bisher und setzt vor allem auf Abschreckung und Abschottung in der Migrationspolitik. Im Wochentakt sterben derweil weiterhin Menschen im Mittelmeer auf dem gefährlichen Weg nach Europa, während die europäische Grenzschutzagentur FRONTEX streng darauf achtet, daß möglichst wenige von ihnen europäischen Boden erreichen. Besonders stolz ist man darauf, jetzt die Türkei verpflichtet zu haben, einen zwei Meter hohen Stacheldrahtzaun auf ihrer Seite der europäischen Außengrenze zu errichten, der vom türkischen Militär bewacht wird – seitdem sei die Zahl der Flüchtlinge über Land stark zurückgegangen.

---

2    Bundesinnenminister Hans-Peter Friedrich in einer Pressemitteilung des BMI vom 20. März 2013.

Doch auch innerhalb der „Festung Europa" und innerhalb der Europäischen Union verlieren zentrale Grundrechte wie die Freizügigkeit – das Recht auf Bewegungsfreiheit – in den letzten Jahren an Boden. Nicht zuletzt auf Betreiben der Bundesrepublik Deutschland gilt schon jetzt die EU-Freizügigkeit nur noch für Wohlhabende mit entsprechender Krankenversicherung. Grenzkontrollen dürfen zur Abwehr von „Armutseinwanderung" inzwischen wieder eingeführt werden, und der deutsche Innenminister verzögert die Aufnahme der neuen EU-Länder Rumänien und Bulgarien in das Schengen-Abkommen mit rechtspopulistischen Argumentationen.

Es zeigt sich deutlich: Auch innerhalb Europas werden Grundrechte nach zweierlei Maß vergeben. Die Bewegungsfreiheit, welche sich die Privilegierten durch das Versprechen der EU-Gleichberechtigung erworben haben, verwehren sie nun den anderen. Gerade im Angesicht der nahezu unbeschränkten Privilegien der wohlhabenden Mitteleuropäer kommt diese Entrechtung, die beschämende Beschneidung der Bewegungsfreiheit einer Entwürdigung gleich.

Nicht umsonst arbeiten nahezu alle Rechtssysteme weltweit mit Beschränkungen der Bewegungsfreiheit als üblicher Strafe. Damit sollen in der Regel die mißliebigen „Sozialschmarotzer" oder „Verbrecher", die sich Verstöße gegen die moralische Ordnung haben zuschulden kommen lassen, vom Lebensraum der Privilegierten ferngehalten werden; oft sollen auch durch die Isolation Einsicht und Besserung befördert werden. Die moralische Verantwortung wird also umgehend auf die Bestraften abgeschoben, wie bei einem unartigen Kind nach der Prügelstrafe: *„Warum kannst du dich denn auch nicht benehmen – dann hätten wir uns das ersparen können!"*

Die Folge dieser Bestrafung ist in der Regel jedoch eine weitere Kriminalisierung, Diskriminierung und Entwürdigung ohnehin schon unterprivilegierter Menschengruppen. In diesem Fall: Der zusätzliche politische Druck aus Deutschland, der durch wortgewaltige Drohungen, Rückschiebungen und politische Sanktionen ausgeübt wird, sorgt auch in den Herkunftsländern für eine noch stärkere Verfolgung und Ausgrenzung dieser Gruppen auch durch die dortige Regierungspolitik. Die Probleme der Roma in Ungarn, Rumänien und Bulgarien sind bedrückende Beispiele für diese rassistische Politik.

### Zwei Drittel der Bevölkerung sind antiziganistisch eingestellt

Fakt ist: Die soziale Kohäsion in Europa steht zur Zeit unter massivem Druck, Europa steht am Scheideweg. Während die Bundesrepublik

Staaten Europas

noch mit der anhaltenden Austeritätspolitik – eine staatliche Haus-
haltspolitik, die einen ausgeglichenen Staatshaushalt ohne Neuver-
schuldung anstrebt – die soziale Spaltung zwischen den Nationen
weiter vorantreibt, die zu überwinden das europäische Projekt einmal
angetreten war, nimmt abseits der Scheinwerfer auch die Spaltung
zwischen den Ethnien weiter zu. Das Problem des europäischen Antiziganismus (sogenannte Zigeunerfeindlichkeit), das historisch immer
wieder neben der Auseinandersetzung mit dem europäischen Anti-
semitismus um seine öffentliche Wahrnehmung kämpfen mußte und
immer noch muß, hat sich in jüngster Zeit u.a. durch die Aufnahme von
Rumänien und Bulgarien in die Europäische Union extrem verschärft.

Während die Medienberichterstattung von den Jugoslawienkrie-
gen, aus Afghanistan oder nun aus dem Bürgerkrieg in Syrien noch eine
gewisse Akzeptanz für Flüchtlinge aus diesen Kriegsgebieten schuf,
schlug den südosteuropäischen Roma immer schon ein geballter antiziganistischer Rassismus entgegen. Die Nutzung der EU-Freizügigkeit,
dieser zentralen Errungenschaft der Europäischen Union, auch durch
Menschen aus Rumänien und Bulgarien wird mehrheitlich als „*mas-*

*sive Zuwanderung von Zigeunern in das deutsche Sozialsystem"* gesehen. Laut aktuellen Studien sind zwei Drittel der deutschen Bevölkerung antiziganistisch eingestellt. Selbst der Deutsche Städtetag beklagte kürzlich in einem Papier die Bildung verdreckter „Roma-Slums" in Großstädten. Auch in den etablierten Parteien nimmt der Antiziganismus weiter an Fahrt auf, wie sich erst kürzlich wieder in der Bremer SPD zeigte, wo ein Abgeordneter wegen extrem roma-feindlicher öffentlicher Äußerungen aus Partei und Bürgerschaftsfraktion ausgeschlossen werden mußte.

In Wirklichkeit jedoch leben Sinti und Roma bereits seit über 800 Jahren in Deutschland – und eine massenhafte Zuwanderung in den letzten Jahren ist statistisch nicht zu greifen. Überhaupt sind die Roma eine gesamteuropäische Minderheit: Die neuere Forschung geht davon aus, daß der Lebensentwurf fahrender „Zigeuner" überhaupt erst dadurch entstanden ist, daß Angehörige der Roma-Ethnie über Hunderte von Jahren durch ganz Europa hinweg stets erneut vertrieben und in die soziale Isolation getrieben wurden, bis sie schließlich im Zusammenschluß mit anderen sozial Benachteiligten Europas neue Überlebensstrategien entwickelten, aus denen schließlich die Sozialform der „Fahrenden" wurde. Die Roma sind damit das Erbe der Fremdenfeindlichkeit Europas.

Auch heute noch ist es der Fall, daß selbst seit Generationen seßhafte Sinti und Roma aufgrund rassistischer Diskriminierung schlechteren Zugang zum Bildungssystem sowie zum Arbeits- und Wohnungsmarkt haben. Dies macht es vielen von ihnen sehr schwer, auf legalem Wege ihren Lebensunterhalt zu bestreiten – und jede vorhandene Motivation dazu droht ein starker Gegenwind antiziganistischer Ressentiments gleich wieder im Keim zu ersticken.

### Asylrecht zu Grundrecht auf Migration weiterentwickeln

Was also dagegen tun? Die politischen Maßnahmen auf Landes-, Bundes- und Europaebene gegen den Antiziganismus und für eine Integration der Roma in die nationalstaatlichen Gesellschaften beschränken sich bisher auf Appelle zur Entwicklung nationaler Strategien sowie kleinere Finanzspritzen bei deren Umsetzung. Bislang scheint es politisch nicht gelungen zu sein, das Phänomen des Antiziganismus und die ganz konkreten Lebenssituationen von Angehörigen der nationalen Roma-Minderheiten auch auf gesamteuropäischer Ebene in den Blick zu nehmen und Handlungsoptionen zu entwickeln, obwohl dies von Fachleuten immer wieder verlangt wird.

Eines ist auch mit Blick auf das Verhältnis Europas zum Rest der Welt klar: Mit der gegenwärtigen europäischen Asyl- und Migrationspolitik der Abschreckung und Abschottung bei gleichzeitigem Ausbau eigener Privilegien wird sich die Situation nicht entschärfen lassen. Migration läßt sich nicht einfach verbieten – diese Erkenntnis sollte allmählich auch in den fremdenfeindlichsten Köpfen angekommen sein. Wenn wir den relativen Wohlstand, den wir zur Zeit genießen, noch ein wenig wahren wollen, müssen wir endlich ein Konzept für ein politisches und kulturelles Europa entwickeln, das über den jeweils tagesaktuellen Eigennutz hinausweist. Wie wäre es damit, das gegenwärtige Rumpf-Asylrecht zu einem Grundrecht auf Migration weiterzuentwickeln, um Migration endlich zu entkriminalisieren und deutlich festzuhalten, daß es nicht moralisch verwerflich ist, durch Migration seine Lebenssituation verbessern zu wollen, sprich: nach mehr Würde zu streben? Warum sollen nur Wohlhabende nach Glück und Würde suchen dürfen?

Weiter noch: Wenn wir unseren gegenwärtigen Gesellschaftsentwurf weiter pflegen wollen, müssen wir anfangen, öffentlich zuzugeben, daß er weder der einzig richtige noch der beste aller Entwürfe ist. Auch andere Gesellschaftsentwürfe haben ihre Vorzüge, auch andere Lebensentwürfe sind in der Lage, Menschen ein würdevolles Leben zu ermöglichen. Für die Menschenwürde braucht es nicht das Auto, das Haus mit Pool und den jährlichen Urlaub auf Mallorca. Eine Hütte im Himalaya kann auch sinnvoll sein, oder eine ruhige Insel in Griechenland, ohne Karriere und Rendite.

Fragen wir uns doch einmal ehrlich: Was macht ein würdevolles Leben aus – äußerer, materieller Wohlstand? Mehr Privilegien, als die anderen sie haben? Oder geht es nicht vielmehr um inneren Frieden, Liebe und Glück, darum, wer ich innerlich *bin*, unabhängig davon, was ich äußerlich *habe* und besitze? Denken wir einmal zurück in unserem Leben an die Menschen, die uns begegnet sind, die uns beeindruckt haben: Waren die würdevollsten Menschen die mit dem meisten Geld – oder doch eher jene mit der inneren Stärke und dem glücklichen Ausdruck in den Augen?

### Brücken zum anderen Menschen bauen

Insgesamt muß ein Umdenken in der Migrationspolitik gestaltet werden, das Migration nicht länger als Bedrohung des eigenen Wohlstands, sondern als Bereicherung des gesellschaftlichen Lebens wahrnimmt. Unsere Grenzen sollen Brücken sein zu anderen Menschen und Kulturen – und nicht babylonische Mauern zwischen „uns" und „den anderen". Dazu braucht es auch eine solidarische und humanitäre Asylpolitik der EU, die nicht auf Abschreckung setzt, sondern bereit ist, die errungenen Privilegien mit anderen zu teilen. Eigentlich ist es ganz einfach: Wir müssen lernen, die anderen Menschen so zu lieben, wie sie sind; wir müssen lernen, ihnen mit Respekt begegnen – und ihnen die Würde zuzugestehen, die sie zum Leben brauchen. Das wäre eine Politik, die Menschenrechte nicht nur zitiert, wenn es in einen Krieg zu marschieren gilt, sondern die Menschenrechte auch dauerhaft beherzigt, um Konflikte zu vermeiden.

Um einen direkten Bogen zurück an den Anfang zu schlagen: Es ist wirklich an der Zeit für einen Paradigmenwechsel in der Migrations- und Flüchtlingspolitik – zurück zu den Ursprüngen der Bundesrepublik, zurück zum ersten Satz ihres Grundgesetzes und damit zurück zu dem tatkräftigen Bekenntnis dazu, Zufluchtsort für verfolgte Menschen aus aller Welt sein zu wollen. Das wäre ein Deutschland„ in dem ich wohnen wollen würde!

# Befreiung aus der Armut als Weg zur Menschenwürde

## Interview mit Prof. Martin Klöti

von Peter Krause

**Martin Klöti** *(geb. 1959) ist nach zwei Jahrzehnten als Ingenieur in der Praxis heute Professor für Nachhaltigkeit und Leiter des Instituts für Geistes- und Naturwissenschaften der Hochschule für Technik der Fachhochschule Nordwestschweiz. Er engagiert sich mit „Neustart Schweiz" für gelebte Nachbarschaften in unseren Breitengraden und mit „Young Engineers for Sustainable Empowerment" und mit „puntmuragl.org" für ökologische, soziale und ökonomische Gerechtigkeit in der Welt.*

*Er verficht die Rückbesinnung auf reale Werte und auf die Leistungskraft und die Selbständigkeit der Weltregionen.*

Sieht man sich in der Welt um, fällt schnell auf, daß die Ereignisse des Lebens wie von einer unsichtbaren Macht getrieben sind. Im alltäglichen Hin und Her, im Auf und Ab des Lebens werden wenige zu Gewinnern und viele zu Verlierern. Aber über die Kraft, die man braucht, um in solchen Verhältnissen einigermaßen bestehen zu können, verfügen immer weniger Menschen.

Angesichts der beiden großen Bedrohungen der Erde, dem Klimawandel und der globalen Bevölkerungszunahme, fällt es schwer, sorglos an die Zukunft aller Lebewesen zu denken. Natur und Menschheit sind faktisch davon bedroht, als Folge der Entwicklungen von Technik und Zivilisation ausgelöscht zu werden. Worum es geht, sind keineswegs oberflächliche Prozesse, sondern Kräfte, die tief und weit verzweigt, allerorten wirksam sind.

Der Schweizer Martin Klöti, Hochschullehrer in der Schweiz, gehört zu den Mahnern und unermüdlichen Lebensaktivisten, die einerseits vor dem „weiter so" warnen und die andererseits Alternativen zu dem Verhalten aufzeigen, das uns als Menschheit in diese katastrophale und besorgniserregende Lage gebracht hat. Endgültig verloren ist zwar noch nichts, aber die Zeit für das Finden und Umsetzen zukunftsfähiger Lebensformen ist mittlerweile sehr knapp geworden.

In zahlreichen internationalen Projekten zeigt Martin Klöti, wie es gelingen kann, sich aus den Zwängen des Systems zu befreien. Mit verschiedenen Initiativen macht er sichtbar, daß ein Systemwechsel eingesetzt hat, der neue nachhaltige Paradigmen für den Umgang mit Projekten und Ressourcen erkennbar werden läßt.

## Im Segelboot auf hoher See

**Peter Krause:** Das Thema für unser Gespräch soll die Würde des Menschen sein, und zwar mit der Frage, inwieweit Menschenwürde heute mit Lebensbedingungen zusammenhängt und wie z.b. mit der sich global ausbreitenden Verarmung Verhältnisse entstehen, in denen ein menschenwürdiges Leben immer weniger möglich ist.

Aber zu Beginn ein Präludium. Ich habe deinen Roman *2026* gelesen (*2026 – Rückblick auf die Zeit nach dem Ölschock*, Olten 2007), zu dem es auch eine Website gibt (www.2026.ch). Seitdem weiß ich, daß du Segler bist. Wenn man sich vorstellt, daß sich die auf Erden lebende Menschheit auf einem Schiff befindet, das durch die Zeitereignisse segelt, die dem Meer entsprechen, dann stellt sich die Frage: In welcher Lage befinden wir uns, und was haben wir angesichts dessen zu tun?

**Martin Klöti:** Es herrscht Starkwind mit Turbulenzen, so daß wir diverse Überraschungen zu erwarten haben. Wir segeln nicht im Schönwetter, in dem man den Törn genießen kann. Es herrschen statt dessen eine hohe Anspannung und eine hohe Agilität.

**P.K.:** Welche Windstärke haben wir im Augenblick, und wie geht es der Besatzung?

**M. Klöti:** Wir haben etwa Windstärke sieben. Die Besatzung ist angespannt und nervös. Ein Teil der Besatzung ist unter Deck und ein anderer Teil reißt sich auf Deck förmlich die Arme aus, weiß nicht, wie viel Seil sie anziehen können. Sie geben sich alle Mühe, haben aber nur noch wenig Hoffnung, daß das irgend etwas bringt. Es könnte sein, daß jemand vorschlägt, erst mal in den Windschatten zu gehen, die Tücher runterzunehmen und auszusetzen, um uns zu beruhigen und selbst zu finden. Das wird nötig sein, um eine angemessene Taktik zu entwickeln und die nächsten Manöver darauf abstimmen zu können. Wir müssen uns in Ruhe der Lage bewußt werden, in der wir uns befinden, sonst werden wir keinen passenden Plan für die Zeit nach dem Sturm entwerfen können.

**P.K.:** Du als Skipper sagst also, daß die Lage der Menschheit noch nicht so ernst ist, so daß es noch Zeit und Gelegenheiten gibt, Überlegungen anzustellen, aus denen heraus ein besonnenes Handeln möglich ist.

**M. Klöti:** Wir müssen aber zuerst aus dem Sturm heraus. Wir müssen in den Windschatten, in eine geschlossene Bucht oder in einen Hafen. Dort können wir uns auf die Zeit nach dem Sturm vorbereiten.

**P.K.:** Kann die Besatzung das aus eigener Kraft schaffen, ohne die Küstenwache zu alarmieren?

**M. Klöti:** Ja, wir schaffen das aus eigener Kraft. Ich würde das Team auf dem Boot zusammenrufen und dazu ermutigen, den nächsten Hafen mit eigener Kraft anzusteuern.

## Gewalt des Systems und Menschenwürde

**P.K.:** Vergangenes Jahr ist ein neuer Bericht des Club of Rome erschienen, in dem es vor allem um die Entwicklungen der Wirtschaft und des Finanzsystems geht. Da wird unsere Lage als sehr ernst beschrieben, vor allem, wenn man die beiden starken Einflüsse Klimawandel und Bevölkerungsentwicklung betrachtet, die die Situation auf der Erde dramatisch verschärfen. Für die Szenarien, die das Leben auf dieser Erde einschneidend verändern und erschweren werden, wird selbst als best case von einem Zeithorizont von weniger als zwanzig Jahren gesprochen. Wir beide werden das mutmaßlich also noch in diesem Erdenleben mitbekommen.

Willy Brandt (1980)

Die Veränderungen, die sich als direkte Folgen unseres Verhaltens auf Erden für die gesamte Welt aller Lebewesen einstellen, betreffen nicht nur die Natur um uns herum, sondern auch die Art und Weise unseres Lebens und Zusammenlebens. Ich habe in meinem Buch *Ware Mensch* (**FH** 119) darauf hingewiesen, wie die Nord-Süd-Kommission unter der Leitung von Willy Brandt bereits 1980 – und damit acht Jahre nach dem ersten Bericht des Club of Rome über die Grenzen des Wachstums – den Zusammenhang dargestellt hat, der zwischen dem nachhaltigen Verhalten und den Menschenrechten besteht. So wie wir als Menschheit bis dato mit der Erde umgehen, untergraben wir direkt auch die Menschenrechte und damit die Grundlagen für ein würdiges Leben. Diese Entwicklung schreitet immer noch in rasendem Tempo voran, obwohl wir unzweifelhaft wissen, wohin die Reise auf dem eingeschlagenen Kurs für das ganze Leben auf diesem Planeten geht.

Was erlebst du angesichts der immer schneller fortschreitenden Armutsentwicklung eines Großteils der Menschheit den derzeitigen Umgang mit den Menschenrechten und der Menschenwürde?

**M. Klöti:** Es wird viel zur Seite geschoben. Die Menschenwürde interessiert eigentlich niemanden außer denjenigen, die dafür Anklage erheben, die dafür einstehen. Aber diejenigen, die den Sturm erzeugen, sind an der Menschenwürde nicht interessiert. Menschenwürde wird ignoriert. Wie das bewußt geschieht, weiß ich nicht. Aber es geschieht.

Ich komme gerade von einem Gespräch, in dem es darum ging, ob diejenigen, die die Menschenwürde ignorieren, das bewußt tun. Die Frage ist ja, ob diese Menschen nach wie vor davon überzeugt sind, daß das, was sie tun, korrekt ist. Sie verfolgen ihre Ziele, sie arbeiten an der Erfüllung des Auftrags, den sie von anderer Warte erhalten haben. Und dann ist die Frage: Wissen sie, was dadurch geschieht? Wissen sie, was alles verbraucht und geopfert wird?

**P.K.:** Welche Antwort hast du darauf? Zunächst ist es gar nicht so leicht auszumachen, wer „diese Leute" eigentlich sind. Sind es nur die Manager und Politiker, oder sind es nicht doch wir alle, die wir mit unserem Verhalten genau diese Verhältnisse schaffen, in denen wir leben?

**M. Klöti:** Es gibt Manager, die um die Folgen ihres Handelns wissen, und es gibt welche, die ahnungslos sind. Es gab kürzlich ein Interview mit dem CEO (Chief Executive Officer, Anm. d. Red.) von Glencore in der *SonntagsZeitung* hier in der Schweiz. Darin tat der Milliardär seine Überzeugung kund, daß es der Welt guttue, wenn er mit seiner Macht bestimmen könne, wo und wie das viele Geld investiert würde. Solche Menschen haben kein Sensorium mehr für die Folgen ihres Verhaltens. Sie sind in gewisser Weise so indoktriniert worden, daß sie sich nun nicht mehr für die Folgen ihres Verhaltens interessieren. Zu den Ressourcen, die aufgebraucht werden, gehören natürlich auch die Menschen. Auch Menschen werden einfach aufgebraucht.

**P.K.:** Man muß doch sehr mit Blindheit geschlagen sein, um nicht wahrzunehmen, was in der Welt los ist. Die Lage in Afrika, in Indien, eigentlich fast überall in den Ländern der Südhemisphäre der Erde, ist grausam und elend. In allen Medien wird tagtäglich darüber berichtet. Jeder Mensch kann wissen, wie ernst und schlimm die Lage ist und wie schnell sie sich verschlechtert. Daß jemand das nicht weiß, noch dazu in herausragender Verantwortung, kann ich mir beim besten Willen nicht vorstellen.

### Instrumentalisierung der Entscheidungsträger

**M. Klöti:** Natürlich. Der Interviewte behauptete, daß er die prekäre Wirtschaftslage in gewissen Weltregionen sehe und das gesammelte Kapital gezielt zurückverteile. Mit seinen Unternehmen würde er Tausende Arbeitsplätze für Menschen schaffen, die direkt von diesen Investitionen profitieren. Diese Menschen, so sagt er, wären ohne seine Investitionen nirgendwo, sie hätten gar nichts. Eine solche Auffassung hält die Manager in der Blindheit. Sie sind nach wie vor davon überzeugt, daß sie im Rahmen ihres Handelns etwas Gutes bewirken.

**P.K.:** Womit hängt das deiner Meinung nach ursächlich zusammen? Viele Menschen auf der Erde sehen ja das Unglück, das durch die vorherrschende Art des Wirtschaftens geschürt wird. Es gibt zunehmend für Menschenrechte und Menschenwürde engagierte Leute, aber es gibt auch eine ganze Menge Leute mit sehr viel Geld in den Fingern, die mutmaßlich gar nicht wissen, was für einen Schaden sie anrichten, bzw. die das verdrängen und ignorieren.

**M. Klöti:** Leute, die das alles verdrängen, sind vorher selbst instrumentalisiert worden, was in der Ausbildung begonnen hat. Die Infrastruktur der Ausbildung an Schulen und Hochschulen ist so ausgelegt, daß die Menschen schließlich das als ihre Werte betrachten, was uns so mit Sorgen erfüllt. Die Menschen werden in ihrer Ausbildung schon so getrimmt, daß sie mit einem bestimmten Verhalten das System stabilisieren und fördern.

Was im Bildungssystem vermittelt wird, dient der Aufrechterhaltung des Systems. Hochschulen stellen sich in den Dienst von Beratungsunternehmen, von McKinsey z.B. Von denen werden die Absolventen der Hochschulen aufgenommen und stolz gemacht. Die jungen Leute werden gefeiert, gelobt und vergoldet. Man reibt ihnen immer wieder unter die Nase, wie wichtig sie doch sind. Das schürt Ehrgeiz und elitäres Bewußtsein, was wiederum die Instrumentalisierung der jungen Leute bewirkt. Dieser Vorgang geschieht immer wieder, so daß die Einstellung dieser Leute multipliziert wird. Dieses Geschwür hat sich so stark verbreitet, daß schließlich die ganze Managementgilde danach ausgerichtet ist.

Diese Leute nehmen auch Einfluß auf die Politiker. Wenn du gesehen hast, wie Josef Ackermann der Bundeskanzlerin Merkel etwas gesagt hat und sie noch nicht einmal die Begriffe verstanden hat, die Ackermann verwendete – also das ist die Gilde, die sich sehr stark inszeniert und rekrutiert. Von oben bis ganz unten ist alles instrumentalisiert. Ich würde sogar sagen, daß diese Leute selbst auch versklavt sind. Obwohl vieles mit Geld kompensiert wird, muß man dennoch sagen, daß es eben bloß Geld ist und nichts weiter. Es gibt in diesen Systemen keine weiteren Gründe, die weitere Inhalte stiften und fruchtbar sein könnten.

**P.K.:** Ich habe den Eindruck, daß dieses Dilemma – das Getriebensein von Menschen durch das System – eine Folge der Entwicklungen in den Bereichen Wissenschaft und Technik ist, die sich vor allem in den vergangenen zweihundert Jahren ereignet haben. Den Collingridge-Effekt, der vereinfacht gesprochen besagt, daß Technik sich irgendwann verselbständigt, vom Menschen nicht mehr beherrschbar ist und ihn dann sogar unterwirft, habe ich in *Ware Mensch* (FH 119) in diesem Zusammenhang dargestellt.

### Sozialdarwinismus

Daraus gehen Menschenbilder hervor. Der Darwinismus, der den Kampf ums Dasein als für die Lebewesenwelt prinzipiell beschreibt, wird zum Sozialdarwinismus, aus dem heraus sich Menschen anmaßen, daß es berechtigt sei, daß sie die Natur und die Mitmenschen ihren eigenen, egoistischen Interessen unterwerfen. In solchen Menschenbildern kommen Mitleid und Fürsorge nicht vor. Ganz deutlich ist mir, daß wir Menschen dadurch hinter einen bereits erreichten Entwicklungsstand und damit sogar hinter uns selbst zurückfallen. Die Brutalität des Systems, wie sie im Handeln von gewissen Menschen und Menschengruppen erscheint, ist eine logische Konsequenz dieser Fehlentwicklung.

Die Menschenrechte sind in den Verfassungen vieler Staaten verankert. Die Achtung und der Schutz der Menschenwürde ist die wichtigste Grundlage für die Verfassung auch des deutschen Staates. Und jeder Mensch, der einigermaßen klar im Kopf ist, weiß, wovon die Rede ist. Trotzdem ist es so, daß sich viele Menschen beispielsweise in der Ausübung ihrer beruflichen Tätigkeiten direkt gegen diese hohen Werte versündigen.

Am Anfang deines Romans schreibst du: *„Die westliche Welt war in den ersten Jahren des dritten Jahrtausends ihrem wirtschaftlichen,* *politischen und gesellschaftlichen Aus nahegekommen. Die verzweifelten Protestlieder der Rapper und der Popgruppen waren wohl begeistert aufgenommen worden, aber nie wirklich verstanden worden. Pfarrer hatten vergeblich von der Kanzel herab gewarnt und Lehrer und Professoren immer wieder auf ihre Studenten eingewirkt, als sich im September 2007 die Ereignisse überstürzten. Mit der Offensive der USA im Iran und dem unmittelbaren Nachfolgen chinesischer Armeeeinheiten im ultimativen Kampf um die letzten, leicht zu fördernden und damit kostengünstigen Ölfelder war die Prophezeiung eines exorbitanten Benzin- und Ölpreisanstiegs wahr geworden. Praktisch über Nacht hatten Erdöl- und Atomlobby damit ausgespielt."*

Sind wir alle zu blind für die Realitäten? Würdest du die Versklavung durch das System und die daraus resultierende Verantwortungslosigkeit als Tatsache für die ganze Bevölkerung bezeichnen oder nur für Leitfiguren des öffentlichen Lebens und der Wirtschaft?

**M. Klöti:** Bis vor gar nicht langer Zeit hat man den Menschen, die mit dem Gang der Dinge nicht einfach so einverstanden waren, gesagt, daß sie zu dumm seien, um mitzukommen. Man hat erfolgreiches Handeln und Leben sehr stark mit den Konventionen und Erfolgskriterien des neoliberalen Systems gemessen und begründet, welches mit den Regierungen Thatcher und Reagan seinen Anfang genommen hatte und u.a. im lang gefeierten Ausverkauf-Irrsinn des New Public Management gefestigt worden ist. Die Geschichte der Ausbeutung hat bereits vor zweihundert Jahren mit der Kolonialisierung begonnen, welche dann in die Industrialisierung und diese wiederum in die Globalisierung übergegangen ist.

Alle, die im Kolonialismus nicht mitgegangen sind, galten eben schlicht und einfach als Verlierer. Diejenigen, die nicht mitgemacht hatten, in fernen Ländern Gruben und Plantagen zu eröffnen und Menschen zu unterwerfen, wurden als Verlierer bezeichnet. Es haben sich später viele Oligarchen unvorstellbar bereichert, einfach nur, weil sie sich dafür im entscheidenden Augenblick am richtigen Ort befanden. Wer da nicht mitgemacht hat, wurde wiederum als zu wenig smart disqualifiziert. Sie seien selber schuld, wenn sie verlieren. Das entspricht dem allgemeinen Verständnis seit zweihundert Jahren.

### Systemwechsel und Selbstermächtigung

Dank dem Internet, das die Demokratisierung unterstützt, entstehen heute globale Grassroot-Bewegungen, die sich so mobilisieren und stärken können. Man bemerkt, daß es noch andere Meinungsmachende gibt, also Menschen, die die Welt anders sehen als die rücksichtslosen Systemdiener. Occupy war eine solche Bewegung, die gezeigt hat, daß Macht auch auf anderen Wegen und in anderen Bereichen wirksam sein kann. Da haben wir es nicht mit der zentralisierten Macht zu tun, sondern mit der dezentralisierten. Wir wissen heute, daß nicht nur derjenige Gehör findet, der am lautesten ruft, sondern auch all diejenigen, die nah an der Schöpfung, der Natur und den Menschen dran sind. Die davon getragene Bewegung tritt immer mehr in Erscheinung. Man ist nicht mehr exotisch, wenn man die Gedanken dieser Bewegung vertritt, sondern findet Gehör. Das ist Ausdruck des beginnenden Systemwechsels, und nun ist es die Aufgabe, neue Räume und Bedingungen dafür zu schaffen, daß der Systemwechsel Platz findet.

**P.K.:** Wir haben den Sturm betrachtet und über die Ruhe nach dem Sturm gesprochen. Aber was ist dazwischen? Jetzt, in der Gegenwart, leiden unendlich viele Menschen unter den Folgen des rücksichtslosen Umgangs mit der Welt. Es entstehen immer mehr Armutssituationen, die die Würde von Menschen untergraben. In solchen Situationen bist du aktiv, indem du den von Armut betroffenen Menschen Wege aufzeigst, wie sie der beklemmenden Situation entkommen können. Dein Programm *ENGAGE!* (vorgängig „Liberate Yourself!") hast du bei unserem diesjährigen fairventure-Kongreß (siehe dazu: fairventure. de) vorgestellt. Kannst du bitte etwas dazu sagen, wie du mit deinen Möglichkeiten Menschen zur Selbstermächtigung führst?

**M. Klöti:** Wir ermutigen die Menschen erst einmal, auf sich selbst zu hören, bei den eigenen Ressourcen zu beginnen und sich nicht ausreden zu lassen, daß sie selbst etwas wert sind. Sie sollen erkennen, daß sie mehr wert sind, als nur für einen Euro pro Tag Knöpfe anzunähen oder in einem Bergwerk zu arbeiten. Die Selbstermächtigung entsteht durch das Bewußtsein, daß man sich nicht alles gefallen lassen muß. Sie setzen ein, was ihnen gegeben ist: ihre Begabungen und Fähigkeiten, und werden dadurch wieder stolz und handlungsfähig.

**P.K.:** Kannst du dafür bitte etwas von einem deiner Projekte erzählen? Welche konkreten Erfahrungen macht ihr mit welchen Maßnahmen?

**M. Klöti:** Da ist z.B. ein Projekt in Afrika, in Kenia. Dort hat das britische Empire in der Zeit des Kolonialismus stark gewütet. Das ging bis in die 1970er Jahre hinein durch die dort Herrschenden, die von England aus abgesegnet wurden. Ein, zwei Stämme haben davon profitiert, die anderen nicht. Denen, die die Verlierer waren, hat man nur gesagt, daß sie eben Verlierer sind. Man hat ihnen zu verstehen gegeben, daß es für sie keine Zukunft geben würde, daß sie nur Diener der anderen sein würden.

Das hat sich in den Slums konzentriert, in denen die Hoffnungslosen ihre Bleibe haben. Dort sind wir hingegangen und haben danach gefragt, was ihr Bedürfnis ist, und danach, wie wir zum Wiederfinden der eigenen Würde Unterstützung leisten können.

**P.K.:** Wie bist du zu diesem Projekt gekommen?

**M. Klöti:** Das ist eine eigene Geschichte. Es war vor fast zwei Jahren, 2011, als wir als Fachhochschulen zur World Engineering Conference in Genf eingeladen worden waren. Es waren Studierendenprojekte zum Thema „We Power the Future" auszuschreiben. Ich formulierte statt dessen „We Empower the Future" und bekam fünfzehn Anmeldungen statt der erlaubten vier. Diese Anmeldungen kamen aus neun Nationen. Darunter war auch Nickson Otieno aus Kenia, der damals Präsident der World Student Community for Sustainable Development war, also von einer studentischen Gemeinschaft, die sich für Nachhaltigkeit engagiert.

Logo der „World Student Community for Sustainable Development"

## Neben Abfällen neue Werte schaffen

Nickson Otieno hatte auf seiner Agenda auch den Kongreß vor einem Jahr in Kenia, zu dem er mich eingeladen hatte, um über Waste Management zu referieren. Es ging also um die Frage, was man mit den Abfällen machen kann. Wenn man ein paar passende Begriffe googelt, kommt man sehr schnell zu den großen Müllhalden, die sich in seinem Slum Kibera befinden. Ich setzte dann mit der Frage an, wie man das bewältigen kann.

Es gab Exkursionen in das Slum, an denen auch Teilnehmende der ersten Konferenz in Genf teilgenommen haben. Wir haben die Konferenz nicht einfach hinter uns gelassen, sondern wir haben mit den fünfzehn Leuten weitergemacht und stellten nun die Frage an die Menschen im Slum, wie wir ihnen behilflich sein können. Sie antworteten, daß sie vor allem Wasser und saubere Energie brauchen. Natürlich auch Nahrungsmittel, ein bißchen Geld und Lehrerinnen und Lehrer.

Versprechen konnten wir nichts, aber zusichern, daß wir alles Menschenmögliche tun würden. Wir haben gesagt, daß wir nicht einfach alles bringen würden, sondern daß wir sie selbst auch in die

Verantwortung und in die Prozesse hineinnehmen würden. Wir haben dann eine Plattform aufgesetzt, auf der es darum geht, wie sich auf nachhaltige Weise Wasser, Strom, Liquidität, Nahrung und Bildung organisieren lassen.

**P.K.:** Was tat sich durch eure Aktivitäten in bezug auf die Würde der Menschen im Slum? Kannst du das beschreiben?

**M. Klöti:** Die Erfahrung der Würde wurde für die Menschen schon dadurch bestärkt, daß sie erlebten, daß sich jemand außerhalb der gewöhnlichen Entwicklungshilfe für sie interessiert, denn bisher hatten sie, wenn überhaupt, etwas bekommen, was ihnen letztlich nicht wirklich und wenig nachhaltig genutzt hat und sie wenig in ihrem Dasein bestärkt hat.

Die Menschen, mit denen wir dort arbeiten, schätzen die Aufmerksamkeit sehr, die wir ihnen entgegenbringen. Sie finden einen Raum für ihre Anliegen, sie erleben, daß sie selbst kreativ sein können, um sich selbst zu helfen. Das ist schon mal ein gutes Zeichen.

Zweitens helfen ihnen die Begleitung über längere Zeit und unsere Besuche. Sie erleben die Kontinuität, sie erleben also, daß unser Engagement nicht eine Eintagsfliege ist. Wir bringen etwas zu den Kräften und Ressourcen, die vor Ort sind, hinzu und schaffen Öffentlichkeit. Das bestärkt die Menschen und gibt ihnen hoffentlich langfristig ihre Würde zurück.

Über die lokalen Agenden und Agenten markieren wir nicht den Besserwisser, sondern versuchen die Sprache und Kultur vor Ort aufzunehmen und zu bestärken. Wenn dann das Erlebnis da ist, daß man seinen Strom selbst gemacht hat, daß man selbst für das Wasser und die Nahrung gesorgt hat, dann wird man sich das auch nicht so leicht wieder wegnehmen lassen. Und das ist unser Ziel!

Wir erleben das auch in unseren Skype-Konferenzen und in den Wirkungskreisen, daß die Menschen damit beginnen, sich wirklich zu freuen. Unser Austausch und unsere Begegnungen sind nicht fahl, sondern werden immer lebendiger.

**P.K.:** Das ist eines von vielen Projekten, die du betreibst. Deine Methoden sind ein Stückweit systematisiert und werden in verschiedenen Projekten angewendet. Um das alles tun zu können, brauchst du Menschen, die eure Arbeit finanzieren. Wo sind diese Menschen? Wie kommt ihr zu den nötigen finanziellen Mitteln? Muß es Menschen im ganz gewöhnlichen Wirtschaftsleben geben, die euer Anliegen verstehen und es auch finanzieren, weil sie von den Wirkungen eurer Taten überzeugt sind?

## Die Folgen unvernünftigen Verhaltens beseitigen

**M. Klöti:** Als bloße Idee kannst du nichts erfolgreich adressieren. Die Menschen sagen dann höchstens, daß es zuviel Aufwand ist, die Ideen auch umzusetzen. Sie zweifeln schnell daran, daß man die Aufgaben auch stemmt. Darum bekommt man auch keinen Vorschußkredit. Ich bin allerdings in der glücklichen Situation, daß ich ein paar Kompetenzen habe, die ich dann beanspruchen kann. Dann suche ich mir geeignete Netzwerkpartner, mit denen ich zusammenarbeite, um erst mal die kritische Masse für die Glaubwürdigkeit zu erreichen. Wenn dann das Wachstum eingesetzt hat, können wir uns mit offiziellen Anträgen an Stiftungen wenden. Wir reden dann nicht über Ideen, die noch nicht umgesetzt wurden, sondern über Arbeitsfelder, in denen sich bereits etwas getan hat. Hilfreiche Verbindungen und Kooperationen sind sichtbar geworden, woraus man erkennen kann, daß ein solches Projekt eine Beständigkeit haben wird.

**P.K.:** Du sprichst jetzt über Stiftungsgelder. Das ist eine Einschränkung, aus der ich heraushöre, daß die direkten Verursacher der Mißstände, die global tätigen Wirtschaftsunternehmen, nicht zum Sponsoring eurer Arbeit zu bewegen sind. Im Grunde genommen arbeitet ihr ja an der Beseitigung der Folgen des Verhaltens der großen Wirtschaftsunternehmen. Und genau die gehören nicht zu den Financiers eurer Arbeit?

**M. Klöti:** Nein, das sind andere. Es sind Organisationen, die neutralisierte Gelder verwalten und vergeben. Ich habe die Erfahrung noch nicht gemacht, daß ich mit meinen Projekten von den Verursachern der Probleme unterstützt worden wäre.

**P.K.:** Unter denen, die sich zu solchen Projekten und Aktivitäten äußern, sind auch immer wieder solche, die meinen, daß alles zu klein und darum eigentlich nicht wirklich wirksam sei. Sie sagen, daß sie zwar erkennen, wie einigen Menschen geholfen wird, wenden aber ein, daß das an den großen Zusammenhängen nichts verändern würde. Wie begegnest du dieser Kritik?

**M. Klöti:** Die vielen kleinen Projekte und Initiativen müssen und können sich global vernetzen. Wir haben Freunde überall in der Welt, denen wir ein Netzwerk anbieten, das wir zur Zeit aufbauen (siehe: in.puntmuragl.org). Es geht um Solidarität und Zusammenarbeit im Umgang mit den begrenzten Ressourcen, und zwar basisdemokratisch und partizipativ. Wenn uns der Aufbau eines solchen Netzwerks gelingt, wird es Lösungen bringen, die man nicht mehr übersehen kann. Es gibt viele Seelenverwandte, von denen du auch einer bist.

**P.K.**: Gehen wir noch mal an den Anfang unseres Gesprächs zurück. Da sprachen wir über ein Segelboot im Sturm, und du sagtest, daß es in dieser Lage nicht angebracht sei, die Küstenwache zu verständigen, sondern selbst nach Lösungen zu suchen. Das deute ich so, daß es im übertragenen Sinne nicht auf Politiker und Wirtschaftsbosse ankommt, sondern auf die vernetzte Kraft der Peripherie. Ist das ein neues Paradigma für die ökologische Bewegung?

**M. Klöti**: Ja! Im Abseits Stärke sammeln, um dann ins Licht treten zu können, um loszulegen. Wo man allgemein Hilfe und Unterstützung erwarten würde, wird man heutzutage statt dessen zugedröhnt. Wir versammeln diejenigen, die bereits aktiv geworden sind, und geben ihnen durch die Vernetzung Kraft und noch mehr Bestärkung.

# Über die Evolution neuer Formen für das Leben

## Interview mit Johannes Heimrath

von Peter Krause

**Johannes Heimrath:** *1971–1975 Studium Komposition, Musikethnologie und Aufführungspraxis Alter Musik an der Hochschule „Mozarteum" in Salzburg (Österreich).*

- *Gründung einer Lebensgemeinschaft in Bayern, um gemeinschaftliches Leben und Arbeiten zu praktizieren, zu erfahren und zu erforschen.*
- *Gründung des heutigen Medienunternehmens „Human Touch Medienproduktion GmbH" im ostdeutschen Klein Jasedow und Herausgeber der Zeitschrift OYA (siehe: oya-online.de).*
- *Mitinitiator vom Club of Budapest in Deutschland und vom Lebensparlament sowie Mitwirkender bei den fairventure-Kongressen.*

Weltweit hat sich eine Bewegung für den Wandel formiert, die der Amerikaner Paul Hawken als „Immunsystem der Erde" bezeichnet, das überall dort aktiv wird, wo die Gesundheit des Lebens gefährdet ist. Tatsächlich treten immer mehr Menschen und Initiativen in Erscheinung, deren Ansinnen es ist, die Bedingungen für das Zusammenleben und Zusammenarbeiten neu zu gestalten. Das macht Mut!

Andererseits sind die bestehenden Verhältnisse für Leben und Wirtschaften mittlerweile so marode geworden und weit von der Natur entfremdet, daß das Leben faktisch dauernd seiner Würde beraubt wird. Die globale Problemlage zwingt geradezu zum Umdenken. Sind die gewordenen Verhältnisse weiter perfektionierbar und auf solchen Wegen zu erhalten? Oder kommt es auf ganz neue, vielleicht noch weitgehend unbekannte Gesellschafts- und Lebensformen an, die dem würdigen Leben wieder dienlich sein werden? Bezüglich dieser

Fragen wird sich zweifellos jeder Mensch entscheiden müssen. Das ist eine unausweichliche Voraussetzung am Beginn eines Weges, der in die Zukunft der Menschheit führt. Eine solche Entscheidung setzt die Fähigkeit voraus, gewordene Verhältnisse für sich so zu deuten, daß darin die für die Gemeinschaft der Menschen und die für die Natur relevanten Belange nicht übersehen werden. Egoismen ergeben dafür keine tragenden Fundamente. Johannes Heimrath ist seit Jahrzehnten erfolgreich für das gute Leben in der Welt der Zukunft engagiert, denkt dafür auch mal gegen den Strich und ist mit vielen Unternehmungen beispielhaft erfolgreich.

**Peter Krause:** Es gibt zweierlei, was ich an dir sehr sympathisch finde: Das eine ist deine Toleranz und Großherzigkeit, das andere deine entschiedene Klarheit und Konsequenz, die nichts Sentimentales hat. Du legst Wert darauf, daß man die Dinge und Verhältnisse sieht, wie sie sind, und daß man nichts schönredet.

Commoning als Prozeß, also das Leben selbst in die Hand nehmen: Wohin führt das in bezug auf das Erlebnis der Menschenwürde? Es ist ja nicht so, daß die Ideen und Projekte für den Wandel der Welt hin zu einem guten Leben in alte, ursprüngliche Verhältnisse zurückführen. In alten Kulturen waren die Menschen noch mehr bei sich, sie lebten in Übereinstimmung mit der Natur, brauchten nicht den überbordenden Konsum, die Unterhaltungselektronik usw. Diesen alten, freilich vergangenen Zustand nenne ich mal den Zustand eins. Dann unsere heutige Zeit, unser heutiges Leben: Ich nenne das den Zustand zwei. Darin wird unter dem mittlerweile allgegenwärtigen Leidensdruck von immer mehr Menschen ein Wandel eingeleitet, der in eine Zukunft führen soll, in der wieder ein Leben im Guten und in Würde möglich sein wird. Das nenne ich den Zustand drei. Der ist aber etwas ganz Neues, kein Zurückgehen in alte, vergangene Lebensformen.

### Die Verhältnisse lassen sich nicht einfach umkehren

**Johannes Heimrath:** Abgesehen davon, daß der Zeitstrahl nicht umkehrbar ist, sprechen wir bei den Zuständen eins, zwei und drei über Stationen auf einem zeitlich immer weiterführenden Weg. Nach dem Kongreß über Commens in Berlin, woher ich gerade komme, haben wir für die Zeitschrift *OYA* noch ein Interview mit Matthias Egersdörfer gemacht, der zu den Kabarettisten gehört, die die gegenwärtige Situation auf ihre Art beschreiben. Er sagte, daß seine ganze Kunst letztlich darin besteht, daß er seiner Trauer über den Zustand der Welt Aus-

Matthias Egersdörfer (Ausschnitt)

druck verleiht. Man kann ja tatsächlich nur verstummen oder aber den Humor irgendwie als Kraft bemühen.

Matthias Egersdörfer und ich kamen bald auf alles mögliche zu sprechen. Er erzählte davon, daß er – er ist Franke – sieht, wie auf den Dörfern alles immer schneller kaputtgeht. Verwaiste Gasthöfe, leerstehende Häuser und so. Irgendwann stand er in einer ehemaligen Wurstküche und fragte sich, warum wir nicht wieder dahin zurückgehen können, wo in unserer unmittelbaren Umgebung Handwerk, Bäckereien, Fischereien wieder lebendig sind. Natürlich kommt man nie wieder dorthin zurück, das ist vollkommen ausgeschlossen.

Was ist also der Zustand drei, den du eben benannt hast? Ist der eine Synthese aus allen möglichen Dingen, oder müssen wir nicht vielmehr dazu bereit sein, vollkommen neue Formen des Zusammenlebens und Zusammenwirtschaftens zu denken? Es kann sein, daß sich das fundamental dieser Etappensicht entzieht. Wenn wir sagen würden, daß es für alle drei Zustände eine Art Nullbasis, einen gemeinsamen Nenner gäbe, dann wäre das etwas Transzendentes, das sich schon unter der Eins, Zwei und Drei befunden hat. Bezüglich einer solchen Voraussetzung würden wir feststellen, daß wir nicht einfach in zeitlichen Kausalitäten stecken, sondern daß es darauf ankommt, diese fundamentale Basis freizulegen und zu verstehen.

**P.K.:** Kommt es in bezug auf diese Basis, auf diesen gemeinsamen Nenner nicht vor allem darauf an, daß wir Menschen das Nadelöhr der Freiheit passieren? Meines Erachtens ist es ein neues Menschenbild, das mit dem Zustand drei verbunden ist. Wenn wir uns um Erkenntnisse über die Basis der verschiedenen Zustände bemühen, so haben diese auch eine neue Sicht auf uns selbst zum Gegenstand. Wir müssen es fertigbringen, unser Menschsein nicht nur theoretisch zu definieren, sondern wir müssen es selbst erschaffen. Uns wird unsere Natur nicht geschenkt, wir müssen sie aus vollständiger Freiheit hervorbringen, erzeugen. Anders können wir den Zustand drei nicht realisieren.

**J. Heimrath:** Ja, das ist sicherlich so. Was ist der Mensch, wenn er sich seines Menschseins nicht bewußt ist? Er wäre dann nur in einer Dimension, nämlich der tierischen, existent. In dem Augenblick, in dem wir uns unserer selbst bewußt werden und zur Kreation von Sinn in der Lage sind, sind wir erst wirklich Mensch. Natürlich sind wir darin frei, das entweder zu wollen oder nicht.

**P.K.:** Du hast eben von dem Kabarettisten in der fränkischen Wurstküche erzählt. Ich greife das einmal auf, um aus dem philosophischen Diskurs in die Welt deiner praktischen Lebenserfahrungen zu springen. So eine Wurstküche kann ja auch Klein Jasedow heißen und eine kleine ostdeutsche Gemeinde sein, in die es dich und einige weitere Menschen vor siebzehn Jahren gezogen hat. Mittlerweile hat sich dort viel getan. Ihr seid mit euren Impulsen und Taten dort angekommen, aber es war kein leichter Weg. Zuerst hat man euch viele Steine in den Weg gerollt, um es gelinde auszudrücken. Widerstand auf breiter Front! Ostdeutsche Wirklichkeiten in der Nachwendezeit, die alles andere als ermutigend waren.

### Leben und arbeiten am Arsch der Welt

Lage von Klein Jasedow in Vorpommern

Daß ihr da alle partial durch die Hölle gegangen seid, ist ja jedem schnell klar, der den Dokumentarfilm von Claus Strigel (*Die Siedler*, denkmalfilm.com) gesehen hat. Er beschreibt darin das Leben und Arbeiten *„Am Arsch der Welt"*, wobei der Untertitel der Originalausspruch des damaligen Bürgermeisters von Klein Jasedow ist, den die Zeitschrift *Der Spiegel* seinerzeit zum Titel eines Beitrags über *„diese Gemeinde im deutschen Osten"* gemacht hatte. Neben allen Herausforderungen und dem Frust habt ihr doch auch Erfahrungen mit realer Gemeinschaftsbildung gemacht.

Was davon kann man für die Arbeit an Commens bzw. der Commonie erschließen?

**J. Heimrath:** Daß wir da in eine tote Region gekommen sind, kann man nur bei oberflächlicher Betrachtung so sagen. In Wahrheit gab es ein lebendiges Mikroklima im Hintergrund. Wenn ich das auf die drei Zustände beziehe, war allen klar, daß man nicht zu dem zurückgehen kann, was dem Zustand eins entspricht. Die Zeiten waren vorbei, in denen die Menschen das Leben in Zustand eins als gut empfunden haben. Auf der anderen Seite war uns auch klar, daß das, was das Leben früher ausgemacht hatte, was uns irgendwann auch fühlbar wurde, vorbei ist und nie wiederkommen wird.

Nur dadurch, daß wir als Neue nach Klein Jasedow gekommen sind, haben wir, bildhaft gesprochen, die Landschaft verändert. Wir waren vorher in Klein Jasedow nicht vorgesehen, und auch die Entwicklung, die durch uns ausgelöst wurde, war so nicht vorgesehen. Das war für die Klein Jasedower ein Grund des Schmerzes darüber, daß etwas über sie hereingebrochen ist, was nicht vorgesehen war.

**P.K.:** Das hat man euch lange vorgeworfen. Es gab gehörigen Gegenwind. Einige aus der Gemeinde wollten euch mit aller Kraft wieder loswerden.

Als ihr überlegt habt, nach Klein Jasedow umzuziehen, also eure ganze Existenz dort weiterzuführen, gab es in dir ein untrügliches Gefühl, daß das so richtig ist. Du hast es selbst so beschrieben, daß da etwas in dir bezüglich der Entscheidung klargeworden war, das du mit rationalen Gedanken damals noch nicht fassen konntest. Dann seid ihr dort angekommen, und die ganze Suppe kochte hoch. Die Widerstände, die am Anfang der Entwicklung standen, waren enorm. Mittlerweile hat sich das geändert, und du bist sogar zum Vertreter im Stadtrat gewählt worden, nachdem die Gemeinde der Stadt Lassan zugeordnet worden war. Ihr alle habt siebzehn Jahre eures Lebens investiert. Hat sich diese Investition rückblickend rentiert?

**J. Heimrath:** Natürlich, aber auf eine andere Art, als man das normalerweise versteht. Die Rendite ergab sich nicht in Geld. Der soziale Mehrwert, der Zuwachs an Lebenskraft und Lebensfreude ist monetär nicht meßbar. Die monetären Herausforderungen zwingen uns aber nach wie vor auch manchmal zu Handlungen, die nicht eins zu eins mit dem übereinstimmen, was wir eigentlich richtig und wichtig finden.

Es ist dennoch gelungen, einen sich allmählich verbreiternden Freiraum zu schaffen, in dem das, was wir als das wahre Leben empfinden, stattfinden kann. Damit meine ich ein Gemeinschaftsleben, das im allerbesten Sinne die verschiedenen Menschen mit ihren unterschiedlichen Fähigkeiten blühen lassen kann. Es finden sich Formen, in denen sich die unterschiedlichen Interessenlagen nicht im Wege stehen, sondern sich ergänzen. Ein wunderbares, friedvolles Lernklima ist entstanden, in dem man Spaß und Freude daran hat, daß es gelungen ist, zusammenzufinden.

Die gefundenen Formen beziehen auch diejenigen mit ein, die dort bereits gelebt haben, als wir kamen. Sie erkennen mittlerweile, daß in der Störung auch schöpferische Aspekte liegen, die am Schluß – das wäre der Zustand drei – etwas hervorbringen, was in Zustand eins überhaupt noch nicht absehbar war. Zustand eins war vor unserer Ankunft, Zustand zwei die Phase der Irritation, und Zustand drei liefert plötzlich ganz neue Ausblicke auf das Leben. Vorher hatte man gedacht, daß alles festgefügt und für die Dauer angelegt sei. In Wirklichkeit ist das ja nie so. Nun ist die Frage, welche Erfahrungen aus Zustand zwei uns in Zukunft davor schützen, in die alten Fehler zurückzuverfallen. Das kann man weiterspinnen, denn auf jeden Zustand folgt ein weiterer. Dem Zustand drei folgt ein vierter, fünfter und so fort. Wenn man das so sieht, drängt es sich geradezu auf, daß unter allem etwas liegt. „Transzendent“ habe ich eben eher mathematisch als Zahl gemeint, die sich unendlich fortsetzt.

### Der freie Mensch und die Mehr-als-menschliche-Welt

**P.K.:** Jetzt weiche nicht aus. Das Transzendente ist doch kein Abstraktum. Können wir uns darauf verständigen, daß es diesbezüglich um den freien Menschen geht? Ich weiß, daß dir das schnell nicht mehr geheuer ist, wenn wir über Gott und Geister sprechen würden, obwohl ich damit kein Problem hätte. Aber über den wirklich freien Menschen, den Menschen, der irgendwann einmal sein wird und bereits jetzt, sozusagen als Samenkorn in uns, als geistige Entität, zur Entfaltung drängt und als geistiger Impulsgeber hinter allen möglichen Zuständen und Verfassungen wirkt, über den können wir doch jetzt reden.

**J. Heimrath:** Wir haben alle das tiefe Empfinden, in einem wahrnehmbaren Feld dauernder Entwicklung zu sein. Das wird niemand bestreiten. Der Mensch ist kein abstraktes, sondern ein reales Wesen – mit allen seinen Sinnen. Wenn man dieses Wesen nicht würdigt, ist man auch nicht mit der Mehr-als-menschlichen-Welt verbunden. Wenn wir den Menschen mal so anschauen, daß er über sich selbst reflektieren kann, und wenn wir anerkennen, daß das nicht nur in der uns umgebenden Welt stattfindet, dann finden wir, daß es für den Gesichtspunkt der Mehr-als-menschlichen-Welt deutlich höher eingestuft wird, als wir es als Menschen im Hier und Jetzt meistens tun.

Auch darin liegt etwas Neues. In der Kraft, die entsteht, wenn wir uns mit der sinnlichen Natur verbinden, vertieft sich das Menschsein zu einem Holon. Wir begreifen uns als etwas Ganzes, das seinerseits Teil eines anderen Ganzen ist. Unter dieser Voraussetzung kehren sich übrigens auch die Eigentumsbegriffe um, was zu einem sehr wichtigen Aspekt in der ganzen Commons-Debatte führt. Eigentum wird von uns Menschen immer auf uns bezogen. Wir sagen „Ich habe…" oder „Das gehört mir…". Das dreht sich plötzlich um, indem ich erkenne, daß ich selbst zu etwas gehöre. Wenn wir beginnen, das wirklich ernst zu nehmen, daß wir dieser Mehr-als-menschlichen-Welt angehören, fügt sich etwas zusammen, was erst jetzt, nachdem bereits einiges hinter uns liegt, in seiner vollen Tragweite gewürdigt werden kann. Es geht um die irgendwann geglückte Zusammenführung von allem, was Leben ausmacht. Das bezieht sich auf alles, was materiell-physisch da ist ebenso wie auf alles, was nicht materiell-physisch da ist.

**P.K.:** Man ist aber erst mal in der fränkischen Wurstküche, in der alles verstaubt und rostig geworden ist. Mir scheint es wichtig zu sein, daß jemand in einer solchen Situation beschließt, über sich hinauszugehen, um einen ungewöhnlichen Schritt zu wagen. Der kann darin bestehen, daß er an einem ihm unbekannten und für ihn unwirtlichen Ort siedelt, wie ihr es als Gemeinschaft getan habt.

**J. Heimrath:** Wichtig ist, daß man etwas Unbekanntes wagt. Es kann ja Menschen geben, die die Wurstküche, wie sie war, wieder in Gang bringen. Das ist auch gut, aber es genügt noch nicht für das, worüber wir uns gerade unterhalten. Hier, wo wir uns niedergelassen haben, gab es keine „Wurstküche", sondern nur absolutes Neuland. Was hier inzwischen entstanden ist, war nicht vorgesehen. Es gab keine übertragbaren Muster und Pläne dafür. Das heißt, das Sich-Einlassen auf das Gegebene und das Ausloten der Möglichkeiten, die im scheinbar Toten oder Unnützen liegen, bringt erst die Chance, daß etwas Neues evolvieren kann.

Deswegen verschwindet die Trauer nicht. Wir sehen ja nach wie vor, wie sich die Welt weiterentwickelt. Diese Trauer bleibt ein Motiv dafür, bestimmte Entscheidungen zu treffen. Man würde manches anders entscheiden, wenn man nicht an diesen Schmerz angebunden wäre. Ich brauche nur aus dem Fenster zu schauen, dann sehe ich diese Agrarwüste vor mir. Du kannst nicht einfach heiteren Herzens und beschwingt durch die Lande schweifen, wenn dir auffällt, daß die Lerche nur über den fünf Hektar singt, die du anders bestellst, und über den weiten Flächen mit der Monokultur nicht. Die Freude über den Gesang der Lerche ist von den ganzen schwarzen Balken eingerahmt, die uns umgeben.

## Lebendige Inseln in toten Landschaften

**P.K.**: Ist das Ausdruck deiner Vision von Zukunft, daß es Gegenden gibt, in denen das Leben gegenwärtig ist, und andere, viel größere, in denen es das nicht mehr ist? Dann würden wir irgendwann lebendige Inseln haben, die sich inmitten von weiten Landstrichen befinden, die eigentlich tot sind.

**J. Heimrath:** Die Welt der Zukunft wird fragmentiert sein, ja. Ich sehe nicht, daß wir zu einer homogenen Gesellschaftsstruktur zurückkehren können, wie es sie in der Vergangenheit noch gegeben hat. Wenn eine Tasse heruntergefallen und zerbrochen ist, muß ich sie wieder zusammenkleben. Sie wird dann aus siebzehn Einzelteilen bestehen, die vom Klebstoff zusammengehalten werden. Die einmal zerbrochene Tasse wird nie mehr ein Stück!

**P.K.**: Ich selbst spreche inzwischen von Menschenschutzgebieten, die wir für die Zukunft schaffen; Bereiche und Gebiete, in denen noch wirklich gelebt werden kann, die sich aber von der großen, weiten Welt darum ziemlich deutlich unterscheiden. In einer solchen Welt obliegt es jedem einzelnen Menschen, sich für ein Leben in dem einen oder dem anderen Teil zu entscheiden.

In den lebendigen Inselregionen, so kann ich mir vorstellen, wird man auch die Besitzfrage, über die wir eben sprachen, anders beantworten. Nachdem jemand einem Mitmenschen von seinem ganzen Brotlaib die Hälfte abgegeben hat, wird er nicht mehr sagen, daß er nur noch ein halbes Brot hat. Das ganze Brot ist nicht weniger geworden, sondern ist lediglich anders verteilt worden; zwei Menschen werden sich davon ernähren, nicht mehr nur einer.

**J. Heimrath:** Das Leben wird in beiden Bereichen der zukünftigen Welt funktionieren, nur eben ganz unterschiedlich. Die Entscheidung darüber fällt nicht erst in der Zukunft, sondern bereits jetzt in der Multioptionsgesellschaft, in der wir gegenwärtig leben. Die „Option Klein Jasedow" haben wir ganz bewußt ergriffen. Es handelt sich dabei nicht um die Option, die Wurstküche zu restaurieren, sondern darum, diejenigen Prinzipien zu erkennen, die sich mit dem völlig Neuen verbinden. Es geht um Handwerk, um das bewußte Führen der Tätigkeit. Das wiederum hat mit dem zu tun, was tatsächlich gebraucht wird. Jeder fragt sich, ob er die damit verbundenen Aufgaben erfüllen kann. In der Gegenseitigkeit entsteht eine Mehrung und Nährung.

Die Welt wird nie wieder in einen unversehrten Zustand zurückgelangen. Die Gifte da draußen werden uns noch für lange Jahre beschäftigen. Ich rede nicht von Atommüll, sondern von den Chemikalien, die auf die Äcker gebracht wurden und werden. In dieser versehrten Welt geht es also um gesundende Essenzen, die wiederum einen bestimmten Bildungsvorgang voraussetzen. Die Menschen, die das verstehen, haben vorher über sich selbst, über den sozialen Zusammenhang und ihre Einbindung in die Mitwelt etwas gelernt. Alle zusammen verkörpern in gewisser Weise exzellente Fähigkeiten vor einem Hintergrund, der für viele Menschen, schon weil sie z.B. in der Stadt leben, die Wahrnehmung des Möglichen und Nötigen gar nicht erst ermöglicht. Und Menschen, die den eigentlichen Wert des Lebens in Bankkonten und irgendwelchen Besitztümern sehen, wird es ja auch nach einem wie auch immer gearteten Wandel weiterhin geben.

Der Wandel ist nur möglich, wenn wir weiterhin solche Inseln schaffen, auf denen das Leben in einer bestimmten geschützten Art stattfinden kann. Weiter sollten wir nicht denken, denn dann würden wir über eine Zukunft reden, die auf noch viel mehr Unbekanntem basiert. Laß uns an genügend vielen Orten die Voraussetzungen dafür schaffen, daß das gute Leben tatsächlich geführt werden kann. Wenn es wirklich ein gutes Leben ist, wird es eine Ausstrahlung entwickeln, die zu einer neuen Epoche führen kann, über die wir im Moment noch nicht sehr viel aussagen können.

# Selbstermächtigung als Weg zurück zur Menschenwürde

**Leander Bindewald** *(Neurobiologe, Consultant bei der New Economics Foundation, London)*

**Ronny Müller** *(Umweltingenieur, Heilerziehungspfleger, Projektentwickler, Freiburg)*

**Veronika Spielbichler** *(Expertin für Komplementärwährungen und Journalistin, Wörgl)*

**Jan Temmel** *(Mediengestalter und Co-Koordinator vom fairventure-Kongreß, Velbert-Langenberg)*

**Roland Wiedemeyer** *(Ingenieur, Unternehmer und Berater und Auditor zur Gemeinwohlökonomie, Zaisertshofen)*

**Dr. Susanne Wiegel** *(Biologin und Aktivistin für den gesellschaftlichen Wandel, Essen)*

Die Gesprächsteilnehmer/innen gehören zu der Gruppe der Mitwirkenden am fairventure-Kongreß *(siehe: fairventure.de)*.

Gespräch mit Peter Krause

**Peter Krause:** Die Verhältnisse, in denen wir Menschen heutzutage alltäglich leben, sind zu großen Teilen so, daß ein Leben in Würde nur sehr schwer möglich ist. Das beginnt damit, daß Arbeit zur Ware geworden ist, die man meistbietend im Konkurrenzkampf um immer weniger werdende lukrative Gelegenheiten verkauft, und es reicht bis zu Armutssituationen, die für uns in hiesigen Breiten unvorstellbar sind. Insgesamt scheinen wir Menschen von einer unsichtbaren Kraft getrieben zu sein, die wir selbst auf den Plan gerufen haben und die uns nun immer weiter unterjocht und entfremdet.

### Würde können wir schaffen

Das alles hat für mich mit Menschenwürde zu tun. Einerseits ist unser aller Leben in Würde mindestens gefährdet, andererseits sind wir immer und überall auch Teil des Systems, das Menschenwürde untergräbt. Für die Verletzungen der Menschenwürde sind wir demgemäß Mittäter, wenn auch im tragischen Sinne, weil wir oft, in Zwangslagen verhaftet, nicht so leben können, wie wir es eigentlich wollen. Da ist die Selbstermächtigung Gebot der Stunde, mit der wir uns in die Lage versetzen können, auf unterschiedlichsten Wegen dem wirklichen Gemeinwohl wieder eine Chance zu geben. Das beginnt z.B. damit, daß wir unseren Blick auf die Welt und das Leben verändern: weg vom analytischen Wahrnehmen und hin zum integralen Welterfassen. Die ökonomischen und ökologischen Fragestellungen kann ich persönlich von einem spirituellen Weltverständnis nicht trennen.

**Susanne Wiegel:** Zunächst kann man sich fragen, was man unter Menschenwürde versteht. Zugleich kann man danach fragen, was dem Menschen gemäß ist. Das hängt unmittelbar mit der Würde zusammen. Wir sehen das alles oft zu passiv, denn wir schauen zwar darauf, ob unsere eigene Würde verletzt ist, beachten aber zu wenig, was wir dafür tun können, die Würde überhaupt zu ermöglichen. Menschenwürde ist etwas ganz Aktives, denn vor allem geht es darum, ob wir Menschen uns würdig *verhalten*. Dem

Menschen gemäß ist seine geistige Freiheit. Die ist typisch menschlich. Wir Menschen sind dazu in der Lage, Erkenntnisse zu erlangen, bewußt zu handeln und dadurch auch Verantwortung zu übernehmen. Das beinhaltet zugleich Menschenwürde.

Wir alle setzen unseren Geist und Intellekt dafür ein, die Welt zu gestalten. Nun hat sich über lange Zeit, durch ein paar Jahrhunderte hindurch, eine verengte Weltsicht etabliert, die vor allen Dingen darauf ausgerichtet ist, zu analysieren. Wir sehen zu sehr auf Details, um dann daraus unsere Handlungsansätze zu entwickeln. Das ist eine Vereinseitigung, denn wir sind neben dem analytischen Erfassen der Welt auch zum integralen, ganzheitlichen Erfassen veranlagt. Man weiß heute, daß unsere Sinneswerkzeuge und unser Gehirn zu beidem veranlagt sind, wir aber bevorzugt analytisch auf die Welt sehen. Das ist Ergebnis unserer Entscheidung, die wiederum die heutigen Verhältnisse, die gegenwärtige Kultur begünstigt hat.

Seit einiger Zeit ist aber ein Umschwung da, der vieles verändert. Man sagte lange Zeit, daß Gefühle den Intellekt in der Wahrheitsfindung stören würden. Heute geht man zunehmend davon aus, daß Gefühle unter Umständen viel komplexere Erkenntnisse ermöglichen als Gedanken. Ganzheitliches Erfassen bzw. eine integrale Weltsicht hängt mit Intuitionen zusammen, die unser Bewußtsein erfassen kann, wenn entsprechende Bedingungen vorhanden sind. Ich habe den Eindruck, als würde diese Auffassung in immer mehr Wissenschaften Einzug halten. Unsere Fähigkeit, den Gesamtzusammenhang sehen zu können, die Möglichkeit, intuitiv handeln zu wollen und zu können, dies alles hängt sehr mit der Erfahrung der Menschenwürde zusammen.

**Jan Temmel:** Menschenwürde ist für mich das, was dem Menschen in seinem tiefsten Inneren entspricht, und das kann ich nicht davon trennen, daß auch wir ein Teil des großen Ganzen, also der Natur, sind. Insofern geht die Menschenwürde aus dem hervor, wie man als Mensch den Gesamtzusammenhang sieht und erlebt.

Wenn wir als Menschen in unserer Würde sind, wenn wir uns als mit der Natur verbunden erleben, wird heutzutage ein Problem dort sichtbar, wo wir erkennen, daß wir uns immer weiter von  diesem biologischen Menschsein entfernt haben. Wir haben uns selbst im Laufe der Zeit entmenschlicht. Wir sind ja nicht vom Rest der Welt abgesondert entstanden oder von einem fremden Planeten eingewandert, sondern wir sind Teil der ganzen Evolution. Wir haben uns als Menschen im Wechselspiel mit der ganzen Natur geformt.

**P. Krause:** Und wie finden wir wieder zurück zu unserer eigentlichen menschlichen Natur? Unter den Voraussetzungen, die du für unsere Entwicklung beschrieben hast, und im Hinblick darauf, daß wir uns von diesen Voraussetzungen entfernt haben, wird die Wiederverbindung sehr wichtig. Nur wenn uns das gelingt, wenn wir tiefenökologisch empfindend der Natur um uns begegnen, werden wir wieder Menschen in Würde sein können.

**J. Temmel:** Ich meine, daß wir natürliche Lebenszusammenhänge aufsuchen und leben sollten, wo immer wir das können. Ich gehe dafür immer wieder in den Wald, um mich von meiner Arbeit zu erholen und zu entspannen. In der Natur werden völlig andere Sinne angesprochen. Das kann man sich kaum vorstellen, wenn man nur die Großstadt kennt. Denn es sind viele Sinne, die in unserer urbanen Welt gar nicht mehr gebraucht werden. Der Wind kann, wenn man hinhört, Geschichten erzählen. In der Stadt muß ich meine Sinne ausschalten, denn ich kann und will nicht jedes Geräusch wahrnehmen.

Es hat bei mir einige Zeit gedauert, bis ich die Natur wieder erleben konnte. Nach und nach habe ich bemerkt, wie ich damit begann, die Welt neu wahrzunehmen. Darin fühle ich mich als Mensch ganz gegenwärtig und erkenne, daß ich genau für diese Welt geboren wurde, daß sie ein Teil von mir ist und umgekehrt ich auch ein Teil von ihr bin. Dieses Gefühl bedeutet nicht nur, bei sich selbst zu sein, sondern auch, daß man erlebt, wie man ein Teil von etwas Größerem ist. Menschenwürde hat auch damit zu tun.

**P. Krause:** Ist der Mensch denn nun ein würdiges oder ein unwürdiges Wesen?

**S. Wiegel:** Dem Menschen ist die Würde prinzipiell gegeben. Er kann sie annehmen, aber auch ablehnen. Auch jedes andere Lebewesen hat eine eigene Würde. Das ist immer etwas ganz Eigenes, Spezielles. Und bei uns Menschen kommen wir in diesem Zusammenhang zu der Frage, ob wir handeln oder ob wir uns nur irgendwie verhalten. Ich komme jetzt also wieder auf das Aktive zurück, von dem ich eben schon gesprochen habe. Wenn wir Menschen uns in unserer typischen Rolle in der Natur begreifen, werden wir zu Wesen, die aktiv handeln, weil wir ganzheitlich betrachten und verstehen. Dabei führen uns die Gefühle als hochkonzentrierte Erkenntnisse zu den entsprechenden Intuitionen. Das ist m.E. der beste Ausdruck menschlicher Würde.

## Ökonomie und Natur

**P. Krause:** Wenn etwas lebendig ist, ist es im Geben und Nehmen mit anderen Lebewesen und Verhältnissen in dauernder Veränderung verbunden. Leben führt zu Bedürfnissen von Wesen, die danach suchen, diese Bedürfnisse zu befriedigen. Wir Menschen haben z.B. gelegentlich Hunger und suchen geplant nach Gelegenheiten, diesem Hunger abzuhelfen. Aufnehmen von Nahrung, Verbrauchen von Nahrung und wiederum Aufnahme weiterer Nahrung kennzeichnen einen Ernährungshaushalt, in dem wir wirtschaftende Wesen sind. Auch die Möhren haben ihren Wasserhaushalt, die Tiere ernähren sich, und der Gesamtzusammenhang der Stoffe, Kräfte und Ereignisse in der Biosphäre ist Ausdruck für einen wunderbaren Prozeß, der als Haushalt der Natur verstanden werden kann. Was können wir Menschen davon lernen, um nachhaltig, also ökologisch sinnvoll zu wirtschaften?

    **Leander Bindewald:** Ich verstehe, daß du danach suchst, das in der Natur wiederzufinden, was unserer Definition von Wirtschaft entspricht: planmäßiges Befriedigen von Bedürfnissen. Ich glaube, daß man diese Definition auf die Natur direkt nicht anwenden kann, weil sie das Planmäßige mit einbezieht. Das gibt es so in der Natur erstmal nicht. Alles in der Natur scheint gut eingerichtet zu sein, die Räder greifen ineinander, es läuft. In der Natur ist alles sehr effizient, aber es ist nicht Ausdruck von Ökonomie, wie wir Menschen sie betreiben, sondern davon, daß sich etwas, als Ausdruck von Evolution, eingerichtet hat.

    **P. Krause:** Dennoch sind wir als Menschen ja auch Teil der Lebewesenwelt und damit der Evolution. So müßte man im Sinne deiner Argumentation sagen dürfen, daß *es,* dieses Etwas, sich auch für uns eingerichtet hat. Aber das stimmt erkennbar so nicht, jedenfalls nicht ganz, denn aus der guten Ordnung der Natur fallen wir immer wieder heraus. Genau das katalysiert ja immer wieder die inzwischen hochproblematische Situation, in der wir uns global befinden.

**L. Bindewald:** Wenn ich sage, daß es sich eingerichtet hat, kommt man tatsächlich nicht ganz aus dem aktiven Element heraus. Auch wenn wir von Fügung, von einem Automatismus sprechen würden, ist da ein gewisser Trieb zur Selbstverwirklichung enthalten. Es geht immer weiter, wenn man im Zusammenspiel des Universellen und der Selbstheit versucht herauszufinden, womit das zusammenhängt. In der Evolution werden alle Lebensformen immer effizienter und zugleich auch komplexer. Mit diesem Drang, mit diesem Zug der Evolution sind wir Menschen tatsächlich auch verbunden. Das wirkt in allem mit, was wir Menschen tun.

Dann ereignet es sich, daß wir genau das anfänglich durchschauen. Wir betrachten und spiegeln diese Kraft in unserem Leben. Betrachten wir den Menschen als biologisches Wesen, so erkennen wir, daß er mit diesem Drang der Evolution verbunden ist. Daneben gibt es allerdings auch die kulturelle, die bewußte Evolution, in der sich eine selbstbestimmte Entwicklung des Menschen und der Menschheit ereignet. Wir sind einerseits biosphärisch gebunden und andererseits zugleich frei. Das wird deutlich, wenn man diese beiden Evolutionen betrachtet. Man erkennt zugleich, warum wir diese vielen aktuellen Probleme haben.

**P. Krause:** Etwa weil wir uns in Ausübung unserer Freiheit zu weit von der Natur entfernt haben? Daß in der Natur alles miteinander verbunden ist, sich letztlich gegenseitig fördert und unterstützt, ist m.E. ein sehr grundsätzlicher Ausdruck der Lebenskraft. Es widerspricht ja nicht der Ausübung der Freiheit des Menschen, wenn wir uns durch die Natur auch moralisch inspirieren lassen.

**Roland Wiedemeyer:** Ich habe einen kleinen Garten, in dem ich vor drei Jahren zum ersten Mal Tomaten angepflanzt habe. Dann war ich total verblüfft darüber, wie mir über einen langen Zeitraum hinweg von diesen Pflanzen Früchte geschenkt wurden. Die Natur schenkt mir Früchte! In meinem früheren, eher technisch geprägten Leben ging es ganz anders zu. Es klingt banal, aber die Erfahrung mit den Tomaten schuf mir den Zugang zu einer ganz neuen Erkenntnis: Die Natur beschenkt uns permanent, und zwar ohne daß wir ein Konto für sie einrichten, ohne daß wir sie dafür bezahlen und ohne daß wir unsere ganzen menschlichen Mechanismen dafür zum Einsatz bringen. Das bringt mir das Wort Demut zurück ins Gedächtnis.

**P. Krause:** Du stellst dar, daß die Natur nicht berechnet und wir kein Konto für sie eingerichtet haben. Alles, was betriebswirtschaftlich für das ökonomische Handeln von uns Menschen normal ist, findet in der Natur nicht statt. Sollten wir auf Buchhaltung verzichten? Das kann ja nicht die Lösung sein, denn Buchhaltung dient auch der Funktion des Controlling, also der Steuerung, und kann uns insofern auch zu richtigem, angepaßtem Verhalten lenken.

**R. Wiedemeyer:** Die Natur zeigt uns, daß all das nicht notwendig ist, denn sonst würde sie ja nicht funktionieren. So ist es eine interessante Frage, warum wir das Zählen und Berechnen in der Ökonomie eingeführt haben.

### Kontrolliert leben versus frei entscheiden

Ich sehe auch heute noch einen Sinn der Buchhaltung darin, z.B. Verbrauche zu dokumentieren. Es werden durch das Zählen und Buchen Vorgänge transparent gemacht. Das ist erst mal gut und sinnvoll, weil wir unsere Handlungsweisen mindestens im nachhinein verändern können. Allerdings ist es eine Verzerrung, daß wir heute ohne Bilanzen, ohne Gewinn-und-Verlust-Rechnungen gar nicht mehr leben können. Man erkennt daran, daß wir das Vertrauen in ein Leben ohne Kontrolle verloren haben.

**L. Bindewald:** Ein Leben ohne Kontrolle setzt selbstbewußt gehandhabte Freiheit voraus, für deren Ausüben innerhalb der kulturellen Evolution wir manches von der Natur lernen können. Wäre unsere Welt statisch, bedürfte es keinerlei Evolution. Evolution ist sozusagen gegen den Selbsterhaltungstrieb gerichtet, denn sie ruft fortwährend Veränderung hervor. Wenn irgend etwas im Leben sich so entwickelt, daß es sich dadurch einer Situation anpaßt, ist das im nächsten Augenblick schon wieder überholt, denn die ganze Welt ist inzwischen ja eine andere geworden. Dieser dauernde Widerspruch, dieser Feedback-Mechanismus zwischen Individualität und Umwelt, löst Bewegung, also Evolution aus.

In meinem eigenen Leben treffe ich Entscheidungen so, daß ich darauf achte, ob sie Spielraum öffnen oder schließen. Wie sehen Handlungsoptionen aus, wenn man doch nicht wissen kann, wie die Welt übermorgen aussehen wird? Wenn eine Alge in irgendeinen Teich fällt, der sich an einem überdüngten Acker befindet, wird die Alge sich dort sehr wohlfühlen. Sie wird gern, intensiv und schnell wachsen. Dieses Wachstum geht so lange, bis der ganze Teich zugewachsen ist. Dann stirbt schließlich die Alge an ihrem eigenen Wachstum. Sie selbst liefert den Grund für ihr eigenes Sterben. Übertragen wir das auf den Menschen, der ebenfalls in seinem Verhalten einen Einfluß auf die Umwelt ausübt, dann erkennen wir, wie wichtig es ist, die jeweils folgenden Systemebenen miteinzubeziehen.

**P. Krause:** Das Einbeziehen der nächsten Systemebenen geschieht in der Natur evolutionsgelenkt, in der Menschenwelt muß es demgegenüber von der freien Einsicht und Entscheidung ausgehen. Ich deute deine Beschreibungen so, daß es dir darauf ankommt, darauf hinzuweisen, daß sich ebendieses Einbeziehen in unserer Menschenwelt nicht von allein ereignet. Sehe ich das richtig?

**L. Bindewald:** Es ist sehr wichtig, die Freiheit zu definieren und zu verstehen.

### Natur zeigt den Vorteil der Kooperation

**P. Krause:** Im Bereich der Technik bemühen wir Menschen uns darum, von der Natur zu lernen. Leider meistens, vom Egoismus getrieben, nur darum, um unsere technischen Systeme noch effektiver und profitabler zu machen. Wieso lernen wir von der Natur nicht die Kooperation? Unser Wirtschaften leidet ja immer zuerst unter der Eigenart der Konkurrenz.

**S. Wiegel:** Wir können von der Natur z.B. lernen, daß es sinnvoll ist, zu kooperieren. Es gibt in der Natur viele Kooperationsmodelle, von Insektenstaaten bis zu Wolfsrudeln, in ganz vielen Tiergruppen. Kooperation gibt es nicht nur innerhalb einer Art und dort in einer Verwandtschaftsgruppe, sondern auch zwischen verschiedenen Arten. Es gibt sogar Nahrungskonkurrenten, die zusammen jagen und sich die Beute aufteilen.

Meiner Meinung nach liegt in der technologischen Entwicklung und in der ihr zugrundeliegenden Betonung der rationalen und eingeengten Denkweise eine entscheidende Weichenstellung, bei der

der Mensch immer weniger abhängig von der Natur wurde und die Notwendigkeit der Kooperation aus den Augen verloren hat. Die durch unsere Religion geförderte Haltung, daß der Mensch über der Schöpfung stehe und sich die Schöpfung untertan machen solle, geht dem wohl voran. Schließlich spielen sicher auch der Wohlstand und die Überzeugung, daß mit Geld alles Notwendige zum Überleben beschafft werden kann, eine bedeutende Rolle.

**R. Wiedemeyer:** Wir sind einem Irrtum erlegen. Diesem Irrtum laufen wir immer noch hinterher, weil viele Leute den Irrtum noch nicht verstanden haben. Sie sehen im Darwinismus immer noch eine Art Grundkonstruktion des Lebens, obwohl die eigentliche Motivation des Lebens Kooperation ist. Demgegenüber wurde uns Menschen seit Generationen die Konkurrenz beigebracht, die immer mit Angst zu tun hat. Die Alternative zum angstbasierten Konkurrenzverhalten haben wir Menschen noch nicht genügend begriffen. Das beinhaltet auch, daß wir erkennen können, daß uns Kooperation viel weiter bringt als Konkurrenz.

**S. Wiegel:** Die Rahmenbedingungen in unserer Gesellschaft haben sich für Kooperationen ungünstig verändert, denn Konkurrenz und Vorteilsstreben werden belohnt. Psychologische Studien zeigen dennoch, daß Menschen unter geeigneten Rahmenbedingungen, wenn sie z.B. unfaires Verhalten sanktionieren können, von allein kooperatives und altruistisches Verhalten entwickeln. Es scheint der Wunsch nach Gerechtigkeit zu sein, der Menschen dazu bewegt, sich trotz individueller Nachteile für die Gemeinschaft einzusetzen.

**Veronika Spielbichler:** Das jetzige Geldsystem ist mit vielem verbunden, was der Mensch nicht mehr mittragen will. Massentierhaltung, Spekulationsgeschäfte, die auch mit Nahrungsmitteln stattfinden, Sklavenarbeit usw. Das ist alles unethisch, und die Menschen wollen das nicht mehr haben. Dann stehen sie aber vor der Situation, daß sie ohne Geld nicht leben können. Sie fragen sich danach, was sie konkret tun können, um aus dieser Situation herauszukommen.

Der Ansatz der Komplementärwährungsbewegung liegt dort, wo man sich damit beschäftigt, wie der Anteil an Euro bei den eigenen Ausgaben reduziert werden kann. Man kann sagen, daß es Grundversorgungsbereiche sind, um die es vor allem geht. Lebensmittel können von lokalen oder regionalen Erzeugerbetrieben bezogen werden, die komplementäre Währungen akzeptieren. Sehr viel kann man im Bereich der Dienstleistungen bewegen. Gegenseitige Hilfen werden möglich, ohne auf eine Vergütung in Euro angewiesen zu sein. Das funktioniert, indem Zeit gutgeschrieben wird. Es geht gar nicht mehr um Geld, und das stärkt die Gemeinschaft und macht sie intensiver.

**R. Wiedemeyer:** Es gibt viele Ideen für Kooperationssysteme in der Ökonomie, aber dauerhafte Erfolge sind noch nicht zu sehen, denn dafür gibt es diese Systeme noch nicht lange genug. Die praktische Umsetzung fällt auch noch enorm schwer. Die Konzeption, die für mich am weitesten geht, ist die Gemeinwohlökonomie. Was da an Ideen und ersten Umsetzungen vorhanden ist, ist vielversprechend. Was allerdings fehlt, ist eine Region, die, aufbauend auf dem Regelsatz der Gemeinwohlökonomie, tatsächlich nachhaltig funktioniert.

### Die Welt im Wandel

**V. Spielbichler:** Komplementärwährungen setzen da an, wo Wirtschaftskreisläufe in der Region wieder geschlossen werden. Dadurch werden konkrete Probleme gelöst.

**P. Krause:** Vieles entscheidet sich allerdings über das Angebot. Wenn ich Auto fahre, brauche ich Benzin. Kann ich das irgendwo schon mit einer Komplementärwährung bezahlen?

**V. Spielbichler:** Muß man denn soviel mit dem Auto fahren, oder gibt es Alternativen im Bereich der Mobilität? Darüber sollte man sich zuerst einmal klarwerden. Der eigene Konsum kann durchaus zurückgefahren oder grundlegend überdacht und verändert werden.

Zu dem, was eine Region bewegen kann, und dazu, wie eine gewisse Größe und Beispielhaftigkeit erreicht werden kann – Roland hatte diese Frage eben eingebracht –, möchte ich auf die Region Vorarlberg verweisen. Dort hat man z.B. die Versorgung mit Lebensmitteln durch die Gründung eines Dorfladens sichergestellt, in dem auch mit Talenten bezahlt werden kann. Talente sind dort die Komplementärwährung. In Vorarlberg gibt es bereits sehr viele Anbieter, die Talente akzeptieren, und sogar die Steuern können damit bezahlt werden. Die Kommune ihrerseits fördert gemeinnützige Projekte, indem sie denen Talente zur Verfügung stellt, und so schließt sich der Kreis.

Nun ist das, was in Vorarlberg geschieht, zwar auch immer noch sehr klein, wenn man von den konkreten Zahlen ausgeht, aber es ist trotzdem ein Beispiel dafür, wie es funktionieren kann, eine Region und die dort lebenden Menschen mit einer Komplementärwährung zu stärken.

**P. Krause:** Erfolg wird in der gewöhnlichen Ökonomie eigentlich nur über die Rendite gemessen, die in Geld beziffert wird. Eine alternative Ökonomie ist aber bereits erfolgreich, bevor es um meßbare monetäre Gewinne geht. Es geschieht sozial sehr viel, die Aufmerksamkeit der Menschen für alternative Möglichkeiten des Haushaltens wird angesprochen, was aber in Geldwerten kaum meßbar ist. Auch diesbezüglich müssen wir vermutlich umdenken, damit für unsere Wahrnehmung ein wichtiger Bereich lebendiger Entwicklungen nicht länger verschlossen bleibt. Inwieweit verstehen das die Menschen?

**R. Wiedemeyer:** Mehr und mehr. In der Gemeinwohlbilanz wird z.B. die Spreizung der Gehälter bewertet, wobei derjenige, der am wenigsten bekommt, in Relation zu dem gesetzt wird, der am meisten bekommt. Die Bereitschaft der Unternehmer, sich damit zu beschäftigen, nimmt durchaus zu. Man fragt sich, ob es wirklich sinnvoll ist, daß man in der Spreizung einen Faktor von eins zu dreißig hat. Besonders kleine und mittelgroße Firmen sind für diese Frage offen und realisieren sowieso wesentlich geringere Spreizungen als große Firmen. Je kleiner die Firmen sind, desto gerechter sind die Gehälter.

Ideen wie die Gemeinwohlökonomie begleiten uns auf dem Weg zu einem Leben ohne Angst. Menschenwürde ist für mich dann gegeben, wenn ich ein Leben ohne Angst führen kann. Wir Menschen brauchen Verhältnisse, in denen wir arbeiten, weil es uns Freude macht, und nicht, weil wir unsere Arbeitskraft irgendwie verkaufen.

**J. Temmel:** Mir macht es Mut, daß es überall immer mehr Menschen gibt, die auf der Suche nach etwas Neuem sind. Da werden nicht einfach nur Pläne geschmiedet, sondern es wird damit ganz konkret begonnen, vieles anders zu machen. Die guten Ideen werden tatsächlich umgesetzt. Das geschieht häufig in voneinander getrennten Lebensbereichen, auf Bauernhöfen, in Schulen, in Gewerbebetrieben. Diese verschiedenen Bereiche des Wandels existieren oft als Inseln, so daß es nun darauf ankommt, die Vernetzung zu schaffen. Es ist an der Zeit, die vielen einzelnen Initiativen und Projekte zusammenzuführen, denn sie haben ja vieles gemeinsam, sind in Wirklichkeit Teile einer großen Bewegung. Genau das wollen wir mit fairventure unterstützen, indem wir Raum für die Vielfalt der Bewegung des Wandels schaffen. Das setzt natürlich voraus, daß niemand einen anderen dogmatisch ausgrenzt, sondern daß die eine Idee neben der anderen stehen kann.

**P. Krause:** Susanne, welche Erfahrungen machst du mitten im Ruhrgebiet mit lokalen und regionalen Projekts?

**S. Wiegel:** Ein Beispiel: Ich weiß von einem pensionierten Lehrer, der vor einigen Jahren in Indien war und dort die Kinder in den Steinbrüchen gesehen hat. Das war so erschütternd für ihn, daß er sich dazu entschloß, mit aller Kraft gegen Kinderarbeit vorzugehen. Er dachte sich, daß man mit den öffentlichen Beschaffungen anfangen könnte, und wurde aktiv, indem er verschiedene öffentliche Stellen anschrieb. Nachdem man ihm lange Zeit mit Widerstand begegnete, kam es schließlich zu einer Selbstverpflichtung aller 53 Kommunen in Nordrhein-Westfalen, bei öffentlichen Aufträgen darauf zu achten, daß es keine Zusammenhänge mit Kinderarbeit gibt. Das hat nur ein einzelner Mensch geschafft!

**P. Krause:** Bei diesem Beispiel wird deutlich, wie weit die Möglichkeiten eines einzelnen Menschen reichen, wenn er sich wirklich engagiert. Da wird ein wichtiger Beitrag zur Veränderung der Welt geleistet. Mich beeindruckt das sehr! Ich möchte aber noch einen weiteren Bereich ansprechen, indem ich frage: Wie können Ökodörfer oder ähnliche Initiativen und Projekte einen Beitrag zur Transformation der allgemeinen Lebensbedingungen leisten?

### Der Einfluß der Ökodörfer

**Ronny Müller:** Als ich damit begann, mich für das Projekt Lebensdorf zu engagieren, hatte ich genau zu dieser Frage ein paar Ideen. Dabei ging es mir vor allem um Inklusion. Es sollten Bedingungen für das Zusammenleben entstehen, die niemanden ausgrenzen. Ich stelle mir ein Modell für die gesamte gesellschaftliche Entwicklung vor, bei dem alle Menschen, mit ihren Eigenarten, Stärken und Schwächen, einen Platz für das gemeinsame Leben und Arbeiten finden. Da sehe ich einen direkten Zusammenhang mit der Menschenwürde, denn es geht um die Entfaltung des jeweils Individuellen.

Ein anderer Aspekt des Lebensdorfes liegt für mich darin, daß die persönliche Entwicklung immer mit dem Gemeinwohl einhergehen soll. Was uns als Individuen guttut, tut gleichzeitig auch der Allgemeinheit gut. Es gibt natürlich auch individuelle Verhaltensweisen, die dem Gemeinwohl schaden. Unsere Welt ist voll davon. Aber dennoch liegt mir sehr an der Balance zwischen dem Individuellen und dem Gemeinsamen, auf das es ankommt. Es gibt Bereiche, wo beides zusammenkommt, und es gibt Bereiche, in denen die beiden Bereiche auseinanderklaffen. Global gesehen leben wir in den sogenannten reichen Ländern auf Kosten der armen. Das klafft auseinander. Auch auf dieser Ebene müssen wir lernen, die Verbindung zu spüren oder herzustellen, wenn es eine Balance geben soll. Das ist im kleinen Maßstab nicht anders.

**P. Krause:** Aufgrund welcher praktischen Erfahrungen hast du damit begonnen, dich für die Idee des Lebensdorfs zu engagieren?

**R. Müller:** Der Gründungsimpuls für das Lebensdorf kam für mich aus negativen Erfahrungen. Ich arbeitete für Greenpeace und war an vielen Aktionen beteiligt, die *gegen* etwas gerichtet waren. Dabei wurde mir bewußt, daß ich mit der Veränderung zuerst bei mir selbst ansetzen muß, denn ich bin ja immer und überall ein Teil des ganzen Geschehens. Das bedeutet eine Mitverantwortung für Atomkraft, Gentechnik usw. Ich dachte darüber nach, wie ich so leben kann, daß ich möglichst konform mit meinen Idealen bin; zu denen gehört, daß ich mit meinem Leben möglichst wenig Schaden verursachen will. Das ist natürlich auch erst mal vom Negativen her gedacht. Das Positive besteht darin, daß man im gemeinschaftlichen Zusammenleben große Schätze entdecken kann. Man stützt sich gegenseitig, hat aufbauende Konversationen, lernt also voneinander und kommt darum in der eigenen Entwicklung weiter.

Hinzu kommt, daß jeder Mensch zwar auch allein ein bewußtes Leben führen kann. Man kann seinen Biogarten haben und mehr oder weniger erfolgreich damit sein. Aber das war mir damals alles noch zu klein, denn die Gemeinschaft steigert auch die Kraft der Veränderung. Man kann mehr bewirken, wenn man nicht nur allein mit seinen Ideen und Aktivitäten ist. Aus diesen Überlegungen entstand schließlich das Projekt Lebensdorf.

**P. Krause:** Ich habe den Eindruck, daß sich das alles in der Permakultur findet. Bill Mollison, einer der Begründer der Permakultur, sagte einmal: *„Permakultur ist das bewußte Design sowie die Unterhaltung von landwirtschaftlich produktiven Ökosystemen, die die Diversität, Stabilität und Widerstandsfähigkeit von natürlichen Ökosystemen besitzen.*

Bill Mollison

*Die Philosophie hinter Permakultur ist eine Philosophie, die mit und nicht gegen die Natur arbeitet, eine Philosophie der fortlaufenden und überlegten Observation und nicht der fortlaufenden und gedankenlosen Aktion; sie betrachtet Systeme in all ihren Funktionen, anstatt nur eine Art von Ertrag von ihnen zu verlangen, und sie erlaubt Systemen, ihre eigenen Evolutionen zu demonstrieren."* (Quelle: wikipedia.de.) Du engagierst dich ja auch sehr stark für eine Verbreitung dieser Ideen.

**R. Müller:** Konsequente Permakultur würde zur Inklusion und echten Achtsamkeit führen. Insofern fördert sie die Menschenwürde. Die Basis der Permakultur sind die drei ethischen Maximen: achtsamer Umgang mit der Erde, achtsamer Umgang mit den Menschen und Selbstbegrenzung.

**P. Krause:** Man kann den großen Zusammenhang des Lebens jedenfalls ansatzweise erleben, in den wir als Menschen auch eingebunden sind. Jedes kleine Blümchen auf einer Wiese ist Ausdruck des ganzen Kosmos. Keine einzige Erscheinung oder Bedingung des Lebens besteht isoliert vom großen Ganzen. Alles hängt miteinander zusammen.

Kurios ist, wie weit wir den Teil der Welt, der Ausdruck unseres Kulturschaffens ist, der also typisch menschlich ist, von dem entfernt haben, was Ausdruck dieses komplexen Zusammenhangs des Lebens ist. Wir entnehmen, verändern, vernichten, was uns als Lebensgrundlage zur Verfügung steht, und schaffen dabei auch noch Verhältnisse, die nicht mehr ohne weiteres dafür durchlässig sind, im Mikrokosmischen das Makrokosmische zu begreifen.

Es ist für mich in diesem Zusammenhang vor allem erstaunlich, wie leichtsinnig wir davon ausgehen, daß uns das alles nicht auch selbst irgendwann betreffen wird. Wir können doch nicht glauben, daß die Art unseres Umgangs mit der Welt und dem Leben für uns folgenlos bleiben würde. Es geht mir dabei nicht nur um das Gewahrwerden von Umweltschäden, sondern darum, daß wir tatsächlich mittlerweile auch miteinander so umgehen, als wären wir Dinge oder Sachen. Das von uns selbst geschaffene System wirkt bereits eigendynamisch so, daß wir selbst, als deren Schöpfer, in der schlimmsten Weise unterworfen werden. Die Gelegenheiten für ein Leben in Würde verschwinden immer schneller. Wir selbst werden auf der Grundlage der von uns für dieses System aufgestellten Regeln zu Wesen, die darunter schwer leiden, daß sie ihrer Würde beraubt wurden und werden.

## Menschenschutzgebiete

Nun kann man ja fragen: Gibt es vielleicht ökologisch-ökonomische Biotope, also Menschenschutzgebiete? Inseln, auf denen die Welt noch oder wieder in Ordnung ist? Lebensräume, in denen Menschen authentisch und im besten Sinne gesund leben können? Das wären Zonen, die sich in der an sich lebensfeindlichen Welt finden, weil sie einfach da sind bzw. noch da sind oder weil sie von Menschen für Menschen zu genau diesem Zweck geschaffen wurden. Ich verstehe solche Lebens – und Wirtschaftsgemeinschaften als wirksame Komplemente im Mainstream, auf die es sehr ankommt, denn man kann durch sie erfahren, wie Leben auch sein kann. Das kann als Beispiel für die großen Zusammenhänge gelten, die wir irgendwann vielleicht nur noch deshalb sinnvoll gestalten und verändern können, weil es Territorien gibt, in denen das Leben anders, würdiger geführt wird als in den meisten Gegenden und Bereichen der Welt. Solchen Menschenschutzgebieten kommt in diesem Sinn eine eminent bedeutsame kulturelle Aufgabe zu.

**R. Müller:** Ökodörfer sind wirklich wichtige Inseln, aber sie sind noch zu wenig wirksam. Wir bräuchten in relativ kurzer Zeit eine Hochskalierung der Anfänge, um die gewünschten Wirkungen für die Gesamtgesellschaft erzielen zu können. Mit dem Projekt Lebensdorf gingen wir von Anfang an davon aus, daß es eine relativ große Gemeinschaft sein soll. Wir wollen mit bis zu 1.000 Menschen zusammenleben, und das sind wesentlich mehr als in den bekannten Ökodörfern, in denen 100 bis 200 Menschen zusammenleben. Ich glaube, daß wir zusätzlich zu dem, was bereits da ist, solche Projekte brauchen, weil sie noch viel stärker in der Mitte der Gesellschaft sein können, als die kleinen Inseln es sind, die es bisher gibt.

**L. Bindewald:** In den Gemeinschaften, die von Menschen als Ökodörfer geschaffen wurden, ist das greifbar, daß es Menschenschutzgebiete sind. Das Netz solcher Menschenschutzgebiete ist in Europa tatsächlich schon sehr eng geknüpft. Europa ist für solche Lebensgemeinschaften der intentionale Hotspot, während es in anderen Teilen der Welt durchaus so ist, daß ursprüngliche, meistens dörfliche Gemeinschaften erhalten geblieben sind, die eine ähnliche Funktion und Bedeutung für das Ganze haben.

Das habe ich besonders in Lateinamerika und Zentralasien so erlebt. Sobald man die geteerten Straßen verläßt und vielleicht nur ein Tal weitergekommen ist, findet man noch ganz andere, intakte Formen des Zusammenlebens der Menschen. Denkt mal: Da ist z.B. ein Dorf an einem Bach, der frisches Wasser führt. Das Dorf verfügt bereits über Elektrizität und kann eine Pumpe dafür benutzen, um das Wasser zu den Häusern zu leiten. Aber obwohl sie es auch tun könnten, verwenden diese Menschen die Elektrizität nicht für Fernseher. Diese empfinden die Menschen als Fremdkörper.

**P. Krause:** Man sieht es jetzt an deiner Mimik, daß du das als angenehm und beeindruckend erlebt hast. Beinhaltet dieses Wohlgefühl auch das Bewußtsein von Menschenwürde? Ich verstehe diese Erfahrung des Angenehmen als einen Weg zur Selbstgegenwart. Man ist in einer solchen Umgebung leichter bei sich selbst. Das erlebe ich z.B., wenn ich in Kanada in der weiten, weitgehend unberührten Natur bin. Es stehen einem dort gleich ganz andere Kräfte zur Verfügung, man ist viel mehr bei sich und kann darum mit viel größerer Aufmerksamkeit auch für andere dasein. Das ist eine ganz zentrale Erfahrung von Menschenwürde, die zugleich Selbstgegenwart ist.

**L. Bindewald:** In dem Dorf, von dem ich eben erzählt habe, war ich zwar nur einen Abend, aber es war trotzdem sehr beeindruckend, denn es war wie in einer anderen Welt. In London, wo ich jetzt lebe, ist das total anders. Wenn das im Dorf traumhaft schön und intensiv war, ist es in London wie in einem Alptraum. Du fühlst auch noch im eigenen Gärtchen die U-Bahn unter deinen Füßen.

In der dörflichen Umgebung bin ich entspannter und zuversichtlicher. Ich kann klarer denken und empfinden, was mir wichtig ist. Wenn man eine Entscheidung zu treffen hat, dann kann man ja überlegen, ob man es wirklich selbst ist oder ob etwas in einem wirkt, was man eben nicht selbst ist. In der natürlichen Umgebung habe ich das Gefühl, mehr Mensch zu sein als in der Stadt.

Das Eingebundensein in die kulturelle Evolution führt oft zur Frage: Sind wir es noch selbst, die entscheiden? Oder wirkt in unseren vermeintlich eigenen Entscheidungen schlicht das System? Das hat auch mit unseren Bedürfnissen zu tun. Will ich einen Whiskey trinken, weil ich ihn trinken will, oder will ich das nur, weil man es eben so tut? Will ich wirklich zwölf Stunden arbeiten, oder mache ich es einfach nur deshalb, weil ich durch das System dazu genötigt werde? In den dörflichen Gemeinschaften abseits der urbanisierten Kernregionen oder in den Ökodörfern bin ich mir sicher, daß die Menschen etwas nur tun, weil sie es auch selbst wirklich wollen. Menschenwürde hat für mich viel mit Selbstbestimmung zu tun.

**R. Müller:** In der Transition-Town-Bewegung geht es auch genau darum. Im zweiten Jahrzehnt unseres Jahrhunderts können wir auf die bisher gemachten Erfahrungen aufbauen, um eine größere Breitenwirkung erzielen zu können. Dazu gehört, daß wir auch Menschen erreichen können, die sich von sich aus nicht ohne weiteres mit solchen Themen wie Selbstermächtigung oder Ökologie beschäftigen würden.

**V. Spielbichler:** Ich sage noch einmal: Wir sollten herausfinden, wie groß unsere Abhängigkeit vom Geld ist. Damit beginnt die Veränderung. Kann ich Leistungen ohne Geld beziehen? Kann ich mit meinem Geld Leistungen vergüten, die ethisch vertretbar sind? Diese Fragen sollte sich jeder Mensch stellen.

**R. Wiedemeyer:** Was uns im Wege steht, sind unsere Gewohnheiten und tief verankerten Muster, die noch nicht transformiert sind. In manchen Meetings fällt mir das auf, wenn alte Überzeugungen und Verhaltensmuster erlebbar werden. An Kooperationen hindert uns dann oft unsere schlichte Angst vor den Kooperationspartnern.

**V. Spielbichler:** Sicher, wir sind noch nicht so weit, wie wir sein könnten. Aber es tut sich schon sehr viel, und man spürt den Aufbruch, der aus sehr vielen Bereichen kommt. Wir sind nicht nur beim Finanzsystem am Ende der Fahnenstange, auch bezogen auf das Klima, auf die Entwicklung der Weltbevölkerung ... – ein Umdenken ist wirklich nötig. Das begreifen immer mehr Menschen.

### Intuitiv entscheiden

**P. Krause:** Mir wird immer deutlicher, wie wir Menschen heutzutage geradezu darauf angewiesen sind, Entscheidungen aus uns selbst heraus zu treffen. Es gibt nichts und niemanden, der uns zu etwas drängen darf, jedenfalls wenn es um die wichtigsten Fragen und Probleme unseres Lebens geht. Wenn wir nicht aus uns selbst heraus entscheiden, wenn wir nur dem folgen, was uns aus dem Mainstream tagtäglich zu irgend etwas drängen will, taugen unsere Entscheidungen nichts. Systemzwänge führen immer zu Verletzungen der Menschenwürde, weil sie uns zu einem Teil der Masse machen statt zu einem selbstbestimmten Ich.

Es ist gut und wirkt, wenn wir uns als Menschengemeinschaft darum bemühen, solche notwendigen Freiräume für individuelle Entscheidungen zu ermöglichen und zu schaffen. Da begegnen sich die Bildungsfragen und die Maßnahmen zur Gestaltung adäquater Gemeinschaften für das Zusammenleben und Zusammenwirtschaften. Vielleicht ist das ein einzig legitimes *Sollen*, weil es die Voraussetzungen für ein Leben in Würde schafft?

**L. Bindewald:** Jeder Mensch sucht nach etwas, in dem er sich einigermaßen sicher sein kann. Unsere Welt ist so komplex, daß man sich ja eigentlich gar nicht sicher sein kann, wenn man sich für oder gegen etwas entscheiden will, weil man nicht weiß, welche Folgen eine Handlung letztlich haben wird. Es ist schwierig, wenn man gedrängt wird, etwas Bestimmtes zu tun. Oft ist es tatsächlich so, daß man etwas tun oder lassen *soll.*

Für mich besteht in diesem Dilemma die einzige Möglichkeit zur Flucht nach vorne darin, daß ich mir sage, daß ich die Situation nicht vollständig analysieren kann, daß ich über die möglichen Folgen meines Handelns nicht genügend wissen kann, um dann, statt dem *Sollen* zu folgen, lieber auf meine Intuition zu vertrauen. Ich erlebe, wie ich intuitiv einen Eindruck von etwas habe und dann darauf aufbaue. Jedenfalls im Idealfall, denn es kann ja sein, daß ich, daß wir in einer Welt leben bzw. agieren, in der wir uns unserer Intuitionen nicht mehr sicher sein können. In einer vollkommen durchgekünstelten Großstadt weiß ich nämlich nicht mehr so einfach, was ich eigentlich aus mir selbst heraus will und tue. Aber wenn ich mich als Mensch nicht mehr auf meine Intuitionen verlassen könnte, wäre ich verloren.

## Dignity – Bob Dylan

Fat man lookin' in a blade of steel
Thin man lookin' at his last meal
Hollow man lookin' in a cottonfield
For dignity

Wise man lookin' in a blade of grass
Young man lookin' in the shadows that pass
Poor man lookin' through painted glass
For dignity

Somebody got murdered on New Year's Eve
Somebody said dignity was the first to leave
I went into the city, went into the town
Went into the land of the midnight sun
Searchin' high, searchin' low
Searchin' everywhere I know
Askin' the cops wherever I go
Have you seen dignity?

Blind man breakin' out of a trance
Puts both his hands in the pockets of chance
Hopin' to find one circumstance
Of dignity

I went to the wedding of Mary Lou She said,
„I don't want nobody see me talkin' to you"
Said she could get killed if she told me what she knew
About dignity

I went down where the vultures feed
I would've gone deeper, but there wasn't any need
Heard the tongues of angels and the tongues of men
Wasn't any difference to me
Chilly wind sharp as a razor blade

House on fire, debts unpaid
Gonna stand at the window, gonna ask the maid
Have you seen dignity?

Drinkin' man listens to the voice he hears
In a crowded room full of covered-up mirrors
Lookin' into the lost forgotten years
For dignity

Met Prince Phillip at the home of the blues
Said he'd give me information if his name wasn't used
He wanted money up front, said he was abused
By dignity

Footprints runnin' 'cross the silver sand
Steps goin' down into tattoo land
I met the sons of darkness and the sons of light
In the bordertowns of despair
Got no place to fade, got no coat
I'm on the rollin' river in a jerkin' boat
Tryin' to read a note somebody wrote
About dignity

Sick man lookin' for the doctor's cure
Lookin' at his hands for the lines that were
And into every masterpiece of literature
For dignity

Englishman stranded in the blackheart wind
Combin' his hair back, his future looks thin
Bites the bullet and he looks within
For dignity

Someone showed me a picture and I just laughed
Dignity never been photographed
I went into the red, went into the black

Into the valley of dry bone dreams
So many roads, so much at stake
So many dead ends, I'm at the edge of the lake
Sometimes I wonder what it's gonna take
To find dignity.

## Würde – Bob Dylan

Ein dicker Mann sucht in einem stählernen Schwert
Ein dünner Mann sucht in seiner letzten Mahlzeit
Der Unsichtbare sucht in einem Baumwollfeld
Nach Würde

Ein weiser Mann sucht in einem Grashalm
Ein junger Mann sucht in den Schatten, die vorübergehen
Ein armer Mann sucht durch bemaltes Glas
Nach Würde

Jemand wurde am Neujahrsabend ermordet
Jemand sagte, auf Würde pfeift man zuallererst
Ich ging in die Städte, mal größer, mal kleiner
Ging ins Land der Mitternachtssonne
Ich suche oben, ich suche unten
Suche überall da, wo ich mich auskenne
Frage die Polizisten überall da, wo ich hinkomme
Habt ihr Würde gesehen?

Ein Blinder befreit sich aus seiner Benommenheit
Steckt beide Hände in seine Glückstaschen
Hofft irgendeinen Nachweis zu finden
Der Würde

Ich ging zur Hochzeit von Mary Lou, sie sprach:
„Ich will nicht, daß man mich mit dir reden sieht"

*Sagte, sie könnte getötet werden, wenn sie mir erzählt, was sie*
*weiß*
*Über Würde*

*Ich ging hinunter, da wo die Aasgeier gefüttert werden*
*Ich wäre noch tiefer gegangen, doch das war nicht nötig*
*Hörte die Sprachen der Engel, die Sprachen der Menschen*
*Da war für mich kein Unterschied*
*Ein scharfer Wind schärfer als ein Rasiermesser*
*Ein brennendes Haus, Schulden nicht bezahlt*
*Ich werde am Fenster stehen, werde das Mädchen fragen*
*Hast du Würde gesehen?*

*Ein Betrunkener hört den Stimmen zu, die er vernimmt*
*In einem überfüllten Raum voller verhüllter Spiegel*
*Sucht in den verlorenen, vergessenen Jahren*
*Nach Würde*

*Treffe Prinz Phillip in der Heimat des Blues*
*Er sagt, er gibt mir Informationen, wenn sein Name nicht auf-*
*taucht*
*Er wollte Geld im voraus, sagte, er sei mißhandelt worden*
*Durch Würde*

*Fußabdrücke rennen durch den silbernen Sand*
*Schritte gehen hinunter ins Tattoo-Land*
*Ich treffe die Söhne der Finsternis und die Söhne des Lichts*
*In den Grenzstädten der Verzweiflung*
*Hab keinen Ort zum Verschwinden, hab keinen Mantel*
*Bin auf einem brausenden Fluß in einem schwankenden Boot*
*Versuche eine Notiz zu entziffern, die jemand schrieb*
*Über Würde*

*Ein Kranker sucht nach ärztlicher Behandlung*
*Sucht auf seinen Händen nach den Linien, die da waren*
*Und in jedem Meisterwerk der Weltliteratur*

*Nach Würde*

*Ein Engländer steckte in der Herzlosigkeit festem Wind*
*Strich ihm das Haar zurück, seine Zukunft sah nach wenig*
*aus*
*Biß auf die Kugel und suchte nebenbei*
*Nach Würde*

*Jemand zeigte mir ein Bild, und ich lachte bloß*
*Würde ist und wird niemals fotografiert werden*
*Ich ging in das Rot, lief ins Schwarze*
*Im Tal der träumenden Knochen*
*So viele Straßen, so viel steht auf dem Spiel*
*So viele Sackgassen, ich bin am Ufer des Sees*
*Manchmal wundere ich mich, was notwendig ist*
*Um Würde zu finden*

Übersetzung: Matthias Klaußner

# „Die Würde des Menschen ist unanpaßbar" [1]

## Interview mit Johannes Stüttgen

von Matthias Klaußner

**Johannes Stüttgen,** *geb. 1945 in Freiwaldau. 1966-1971 Studium an der Kunstakademie Düsseldorf bei Joseph Beuys, 1971 Meisterschüler. 1971-1980 Kunsterzieher in Gelsenkirchen. Seit 1977 Free International University (FIU). 1980-1986 Leitung des Ateliers Beuys Staatliche Kunstakademie Düsseldorf Raum 3 als Geschäftsstelle der FIU und Forschungsinstitut Erweiterter Kunstbegriff. Seit 1987 Omnibus für Direkte Demokratie. Seit 1990 Unternehmen Wirtschaft und Kunst – erweitert GmbH. Vorträge, Aktionen, Seminare.*

*Buchveröffentlichungen:* Zeitstau. Im Kraftfeld des erweiterten Kunstbegriffs von Joseph Beuys *(Wangen 1998);* Zum Kapital. Als Christoph Schlingensief das Unsichtbare gesucht hat *(zus. mit Christoph Schlingensief, Wangen 2000);* Kunstwerk Volksabstimmung *(zus. mit Thomas Mayer, Wangen 2000). Seit 2012 tritt Johannes Stüttgen gemeinsam mit Götz Werner (Gründer des Drogeriemarkts ‚dm') auf, um die Gesichtspunkte Bedingungsloses Grundeinkommen und Soziale Plastik (Direkte Demokratie) miteinander zu verknüpfen.*

Der Song *Dignity* (Würde) von Bob Dylan sowie der Übersetzungsversuch [siehe Seite 147]sollen für sich stehen – unerklärt, ungeklärt – und dazu ermuntern, sich mit der Frage zu befassen: Was ist Würde?

Meiner Ansicht nach gibt es in unserer heutigen Zeit eine schlimme Krankheit: Wir sind bequem geworden, Fragen zu stellen und

---

1 Zitat: Paul Mommertz, (*1930), deutscher Schriftsteller, Autor von Drehbüchern, Bühnenstücken und Hörspielen, Quelle : Sichtwechsel. Aphorismen – über Menschen und Meinungen, 2005

Juli Zeh (Ausschnitt)

Otto Schily (2005 Ausschnitt)

nach Antworten zu suchen. Auf einen Begriff reduziert lautet diese Krankheit Interesselosigkeit.

Juli Zeh bemängelt in einem Zeitungsartikel in der *FAZ* vom 07.09.2013, daß es auffällig ist, wie wenig sich die Menschen mit der sogenannten NSA-Affäre auseinandersetzen. Abgesehen von der Tatsache, daß diese Machenschaften als illegal einzustufen sind, ganz egal, ob man dadurch Terroristen auf die Spur kommt oder andere Verbrecher fängt, steht die Frage im Raum, warum es uns kalt läßt und warum es in den Wochen vor der Bundestagswahl 2013 kein Thema ist.

Die Menschenwürde wird durch das Ausspionieren von Privatheit verletzt – das ist eine Tatsache. Der Schutz der Öffentlichkeit kann nicht auf Kosten des einzelnen abgerechnet werden, auch wenn Otto Schily als Innenminister im Januar 2005 bei der Frage, ob man ein von Terroristen entführtes Flugzeug, welches im Kamikaze-Kurs auf ein Atomkraftwerk gesteuert wird, die Passagiere als „lebende Tote" bezeichnete.

Auch wenn Terroristen mit Anschlägen drohen: Der Staat ist, wie Helmut Schmidt [Bild siehe Seite 54] es einst ausdrückte, „nicht erpreßbar". Damit sind auch die Rechtsgrundlagen nicht verhandelbar, sondern gültig. Der Staat hat dabei die Aufgabe, die Gültigkeit dieser Gesetze zu gewährleisten.

Warum also geht heute angesichts der Abhörmaßnahmen der Geheimdienste kein Aufschrei der Empörung durch unser Land, warum gerät die Regierung nicht in Erklärungsnot, wenn sie wissentlich Rechtsbruch mitangesehen und gefördert hat – unter dem Deckmantel der Staatssicherheit?

Eine Erklärung in der grassierenden Interesselosigkeit an diesem Thema liegt darin, daß unser Verständnis von Würde nicht klar, nicht scharf gezeichnet und dabei ist, nach und nach zu verschwimmen. Würde ist nicht irgend etwas, Würde ist das, was uns dazu bringt, sich den Menschen und anderen Wesen in Verantwortung zuzuwenden. Im Grunde zeichnet uns erst die Fähigkeit, sich den anderen Wesen bewußt zuwenden zu können, als Menschen aus. Das Menschsein ist damit an die unbedingte Verantwortung gekoppelt, sich auseinanderzusetzen, also sich und die Dinge zu befragen.

Wir haben jedoch die menschliche Verantwortung, Begriffe zu klären, denn ohne Klärung, ohne genaue Bestimmung dessen, was einem Begriff wesensimmanent ist, laufen wir Gefahr, uns selber zu verlieren.

Unter Umständen kann das Mißachten oder Mißdeuten von bereits verabredeten Begriffen sogar tödlich enden. Ein simples Beispiel: Die Rechts-vor-links-Regel im Straßenverkehr besagt, daß der von rechts Kommende Vorfahrt hat, es sei denn, die Vorfahrt ist anderweitig geregelt. Bei einer Reise nach England sollte man sich zuvor darüber informieren, daß im Linksverkehr statt der oben genannten Regel die Links-vor-rechts-Regel gilt. Es ist ratsam, diese zu beachten.

Es geht auch bei diesem banalen Beispiel um Interesse und um Achtsamkeit. Beides hängt mit dem Thema Würde zusammen.

Wenden wir uns diesem Thema zu, könnten wir wieder lernen, grundsätzlich hinzuhören, hinzusehen, unsere Sinne zu schärfen – für wesentliche, uns und andere betreffende Fragen.

Wir haben die menschliche Pflicht, uns zu interessieren, z.B. dafür, was da eigentlich geschieht, wenn Geheimdienste in unser Schlafzimmer blicken. Aber auch, wie wir mit unseren Mitmenschen, der Natur, mit unserer Erde umgehen wollen.

Es soll an dieser Stelle versucht werden, auf die Notwendigkeit dieser und anderer Fragen aufmerksam zu machen, Interesse für das Interesse zu wecken. Dabei ist von wesentlicher Bedeutung, Fragen aufzudecken, Begriffe zu klären und nach Antworten zu suchen, anstatt Antworten zu präsentieren. Dieser Prozeß kann ein künstlerischer sein, genau dann, wenn es gelingt, etwas aus dem Alltäglichen, dem Gewohnten, dem Normalen herauszuheben und bewußtzumachen.

*Würde* geht auf das mittelhochdeutsche *wirdic* zurück. Darin steckt *wird* – die 3. Person Singular von *werden*. Das Wort verweist auf etwas Unabdingbares, etwas Unveränderliches, denn wenn etwas wird, ist es auf dem Weg, geht also seiner Bestimmung entgegen. Dabei gilt eine Tatsache – bedingungslos: Wenn dieses Etwas dabei gestört oder angetastet wird, dann wird es vom Weg abgebracht und kann seine Bestimmung nicht mehr finden. Wir neigen alle dazu, uns den Symptomen zu widmen, zumeist denen, die als Mißstände negativ auffallen. Vielleicht ist es an der Zeit, sich stärker den Ursachen zuzuwenden. Aber wo genau liegen die, wie könnte man ihnen begegnen?

Im folgenden Gespräch soll Johannes Stüttgen zu Wort kommen. Stüttgen hat einige Vorschläge, einige Ideen, um Mißständen in unserer Zeit und ihren Ursachen zu begegnen. Gleichzeitig ergeben sich neue Fragen.

### Über Persönliches und Überpersönliches

**Matthias Klaußner:** Was ist für dich Würde?

**Johannes Stüttgen:** Würde ist die Bestimmung, die Bestimmung des Menschen und auch aller existierenden Dinge überhaupt.

**M.K.:** Das setzt voraus, daß wir von Natur aus eine Bestimmung haben.

**J. Stüttgen:** Natürlich, alles hat seine Bestimmung. Und unsere Aufgabe ist es, diese Bestimmung herauszufinden.

**M.K.:** Ist diese Bestimmung für jeden Menschen gleich, oder ist das individuell verschieden, etwas ganz Persönliches?

**J. Stüttgen:** Ja, es ist etwas ganz Persönliches, aber das Persönliche geht wiederum über das Persönliche hinaus. Das allertiefste Persönliche ist gerade das – wie man heute sagt – Überpersönliche. Es ergibt sich hier eine Schwierigkeit, die in der Sprache besteht bzw. im Verständnis: Wenn man heute von *dem Persönlichsten* spricht, dann ist damit in heutiger Zeit *das Subjektivste* gemeint. Im Gegensatz zum Objektiven. In Wahrheit ist aber das Allerpersönlichste noch etwas viel Tieferes – man könnte auch sagen etwas Höheres als das Subjektive. Aber es ist auch nicht deckungsgleich mit dem Objektiven. Es ist ein *dritter Zustand*. Früher nannte man diesen den *göttlichen Zustand*.

**M.K.:** Warum früher?

**J. Stüttgen:** Weil man ihn heute nicht mehr so nennt. Weil man heutzutage zu dem Begriff *Gott* eine sehr äußerliche Beziehung hat. Der Begriff Gott ist heute nicht mehr in der Weise erfüllt, wie er früher einmal erfüllt war. Und aus diesem Grund kann man nicht mehr so unbekümmert über Gott reden, da man vorher klarzustellen hätte, daß dieser Begriff ganz neu gefüllt werden muß.

**M.K.:** Können wir denn nicht davon ausgehen, daß sich der Begriff Gott, wie auch der Begriff Würde, von ganz allein durch unser Leben füllen läßt?

### Es geht nicht ohne Bewußtsein!

**J. Stüttgen:** Doch, durch unser Leben füllen sich die Begriffe, aber nicht von allein. Hinzu kommt die Notwendigkeit des Bewußtseins.

Es gibt heute keine Möglichkeit mehr, eine Erfüllung von etwas zu erzielen ohne Bewußtsein. Das hängt mit unserem Zeitalter zusammen. Man könnte auch sagen, es hängt mit dem Stand unserer Entwicklung zusammen. Also mit dem Stand, in dem wir uns momentan befinden. Dieser Stand kann nur charakterisiert werden als ein Bewußtseinsstand. Anders gesagt: Es geht nicht ohne Bewußtsein! Alles, was ohne Bewußtsein ist, wird einer Erfüllung nicht mehr gerecht.

**M.K.:** Und woher nehmen wir dieses Bewußtsein?

**J. Stüttgen:** Das müssen wir selber erzeugen. Das ist der Punkt, an dem wir bereits bei der Kunst sind. Wo es um die Produktion geht. Da geht es um das Selbst-Erzeugen, um das Schöpferische – praktisch das Gottgleiche. Der Begriff des *Creators* wurde immer im Zusammenhang mit Gott gebraucht und genannt. Wir kommen dem Begriff Gott näher, indem wir den Begriff der Kreativität betrachten und feststellen, daß mit Gott die Schöpfung aus dem Nichts, *creatio ex nihilo,* erst möglich ist. Und diese Beschreibung bezieht sich neuerdings auf den Menschen.

**M.K.:** Wenn nun jemand sagt, er habe mit Gott überhaupt nichts zu tun, ihn interessiere kein Schöpfungsgedanke, man beginne und beende das Leben bzw. das Sein ausschließlich biologisch – für diesen Menschen gilt doch die Würde gleichermaßen.

**J. Stüttgen:** Im Grunde hast du ja recht. Allerdings ist die Einschränkung auf das bloß Biologische materialistischer Unsinn. Zumindest müßte dieser Mensch den Begriff der Würde ganz anders erklären als ich. Ein solcher Mensch könnte ja meine Erklärung gar nicht begreifen. Für einen solchen Menschen ist es sicher schwierig, den Begriff der Würde mit Inhalt zu füllen.

**M.K.:** Im Grundgesetz wird aber vorausgesetzt, daß jeder Mensch eine Würde hat und diese unantastbar ist.

**J. Stüttgen:** Das ist sogar der Kernsatz des Grundgesetzes. Die Frage ist jedoch, inwieweit dieser Kernsatz immer mehr zur Phrase verkommt. Der springende Punkt ist: Wie wird dieser Kernsatz mit Inhalt gefüllt? Wie wird er tatsächlich substantiell?

Wir stellen ja zur Zeit genau das Gegenteil fest. Wir stellen fest, daß diese Art Sätze gerade *nicht* beachtet, *nicht* gefüllt werden. Wenn man den Satz: *„Die Würde des Menschen ist unantastbar"* mit der bundesrepublikanischen Realität abgleicht, dann bleibt ja nicht viel von dem Satz übrig.

**M.K.:** Das behauptest du jetzt, andere sehen das anders.

**J. Stüttgen:** Ja, das behaupte ich. Man muß ja nur die Bedingungen unseres Arbeitslebens betrachten, die Einkommensbedingungen.

Welcher Mensch kann denn überhaupt noch ein würdevolles Leben leben, ohne sich zu verkaufen? Und indem man sich verkaufen muß, ist bereits die Würde verletzt.

**M.K.:** Meinst du hauptsächlich Künstler, wenn du von *verkaufen* sprichst?

**J. Stüttgen:** Nein, das betrifft jeden Menschen. Ich behaupte sogar, daß die Würde des Menschen bereits an der Stelle verletzt wird, wo er sich in einem Schulsystem befindet, in dem ihm alle möglichen Dinge oktroyiert werden, in einem System also, in welchem der Freiheitscharakter keine Beachtung findet.

### Auch Kunstwerke haben Würde

**M.K.:** In welchem Verhältnis stehen Würde und Freiheit?

**J. Stüttgen:** Würde und Freiheit sind nicht voneinander zu trennen. Das gilt beim Menschen ganz besonders, und es gilt für jedes Ding im Grunde auch. Jedes Ding, jede Sache erhält nur dadurch Würde, daß sie sich selber zur Sprache bringt.

**M.K.:** Jetzt hast du *Sache* gesagt. Was meinst du damit?

**J. Stüttgen:** Jedes Ding, jeden Erkenntnisgegenstand.

**M.K.:** Ist demnach auch das Tier eine Sache, ein Erkenntnisgegenstand, das eine Würde hat und demnach eine würdevolle Behandlung verdient?

**J. Stüttgen:** Richtig. Doch es gilt für jedes einzelne Ding.

**M.K.:** Nicht nur für Lebewesen?

**J. Stüttgen:** Nein, z.B. auch für Kunstwerke. Dabei haben wir es ja nicht mit Lebewesen im vordergründigen Sinne zu tun, sondern mit Gegenständen, etwa mit Bildern. Diese haben natürlich auch ihre Würde, und die muß man beachten. Aber das gilt nicht nur für Kunstwerke, das gilt eigentlich für jeden Gegenstand. Und manche Gegenstände müssen überhaupt erst zu ihrer Würde gebracht werden.

**M.K.:** Wieso?

**J. Stüttgen:** Einfach weil sie nicht stimmen, weil sie schlecht gemacht sind, weil sie eine falsche Form haben.

**M.K.:** Damit gäbe es ja dann ein Richtig und ein Falsch. Ist das nicht ein bißchen anmaßend zu behaupten, man wisse, wie die Dinge richtig seien?

**J. Stüttgen:** Ich behaupte ja nicht, ich wüßte, was richtig und was falsch ist. Ich behaupte lediglich, daß jedes Ding seine eigene Richtigkeit hat, seine eigene Bestimmung – also seine Würde. Ob ich die kenne oder durchschaue, ist ja eine zweite Frage.

Aber wichtig ist zu wissen, *daß* es so ist, so daß man sich selber darauf hin erziehen, sich schulen muß.

**M.K.:** Wir haben also eine hohe Verantwortung nicht nur uns, sondern auch allem anderen gegenüber?

**J. Stüttgen:** Das ist doch ganz klar! Ein Kind weiß das u.U. noch, in einer Art innerer Gewißheit, daß es die Dinge mit Ehrfurcht und Liebe nehmen muß, so, wie sie sind – um sie sprechen zu lassen.

**M.K.:** Andererseits möchten Kinder wissen, wie die Dinge funktionieren, und machen vieles kaputt, rupfen z.B. eine Blüte auseinander, um zu sehen, wie sie von innen aussieht.

**J. Stüttgen:** Das nennt man Analyse. Es ist ja auch wichtig, den Dingen auf den Grund gehen zu wollen. Das schließt aber das andere nicht aus, und das ist ebenso wichtig: die Dinge erstmal für sich stehen zu lassen, sie zur Kenntnis zu nehmen, sie sprechen zu lassen. Das ist die andere Seite der Medaille.

**M.K.:** Kann man das als Begegnung des Ich mit den Dingen bezeichnen?

**J. Stüttgen:** Ja, aber das geht tiefer. Im Grunde ist das die Urbestimmung des Menschen, warum er überhaupt auf die Erde kommt.

### Gott hat sich zurückgezogen

**M.K.:** Ist das nicht etwas, an das man glauben muß?

**J. Stüttgen:** Nein, daran muß man nicht glauben, das muß man endlich einmal erkennen. Da gibt es nichts zu glauben. Ich muß doch, wenn ich einer Sache entsprechen will – das ist ja der Anspruch, den ich als Mensch habe –, die Fähigkeit besitzen, diese Sache selbst auch sprechen zu lassen. Was hat das denn mit Glauben zu tun?

**M.K.:** Wenn man nicht davon ausgeht, daß man irgendwann einmal mit einem Auftrag auf diese Welt gekommen ist, den man kraft seines Bewußtseins entwickeln muß, dann kann einem doch alles völlig egal sein, z.B. die Würde der Dinge.

**J. Stüttgen:** Den meisten ist das ja auch völlig egal. Du charakterisierst damit genau den Zustand, den wir momentan haben. Den allgemein herrschenden Stumpfsinn, die allgemein herrschende Kulturlosigkeit, welche eine Folge der Tatsache ist, daß sich Gott zurückgezogen hat.

**M.K.:** Mir scheint eher, daß wir uns von Gott zurückgezogen haben.

**J. Stüttgen:** Das läuft auf dasselbe hinaus. Wir haben eine Verbindung gekappt, und wir haben das sogar deswegen getan, weil es notwendig war. Ich fange hier nicht an zu moralisieren, sondern ich sage, daß dieses Zerschneiden notwendig war, damit wir auf die eigene Urteilsfähigkeit, auf die eigenen Füße zu stehen kommen.

Das hatte verheerende Folgen, weil damit auch alle Maßstäbe erst einmal flötengegangen sind. Wir haben uns in bzw. zu einem primitiven Egoismus entwickelt, der aber mittlerweile immer mehr an seine eigenen Grenzen stößt. Wir merken eigentlich ganz genau, daß wir auf diese Weise nicht mehr weiterkommen. Wir zerstören damit alles.

Jetzt sind wir allerdings an einem Punkt angekommen, an dem wir fragen müßten, woran das liegt. Und wir kommen zu dem Ergebnis, daß wir noch nicht gelernt haben, die Dinge sprechen zu lassen. Alles. Auch die Begriffe selber. Nehmen wir einmal das *Geldwesen*. Wir müssen es sprechen lassen. Auch den Begriff der *Freiheit* müssen wir sprechen lassen. Doch auch jeden Tisch, der vor uns steht, müssen wir sprechen lassen.

**M.K.:** Das klingt ziemlich abstrakt. Wie geht das?

**J. Stüttgen:** Das müssen wir üben. Wir müssen uns tatsächlich zunächst fragen, wie das geht. Wir müssen uns gegenseitig auf die Fragen stoßen und uns gegenseitig Lehrer und Schüler sein. Im konkreten Fall muß ich als Lehrer dem Schüler oder der Schülerin zeigen, wie man ein Ding zum Sprechen bringt, wie man sein Wesen, seine Bestimmung, also seine Würde bestimmt, z.B. durch eine selbstlose Beobachtung.

**M.K.:** Nur um das nicht mißzuverstehen: Wenn ich versuche, die Dinge zu begreifen, dann bin ich auch auf dem Wege, sie achten zu können?

**J. Stüttgen:** Ja, das ist allerdings die Voraussetzung. Du sagst richtig *begreifen*; denn es geht um die Begriffe. Die Begriffe sind die Bedingungen für die Be-Achtung, also für die Würde.

**M.K.:** Fassen wir also zusammen: Das Wesen der Dinge ist deren jeweilige Bestimmung und damit auch die jeweilige Würde. Messen wir denn den Dingen und uns selbst immer wieder die Würde zu?

### Wir haben ein Wahrnehmungsorgan für Würde

**J. Stüttgen:** Zumindest kommen wir so der Sache näher. Aber für mich paßt daran etwas nicht. Um Würde zuzumessen, muß ich ja die Würde von etwas kennen. Doch wie soll ich denn die Würde kennen, wenn sie mir nicht aufgeht, wenn ich gar kein Wahrnehmungsorgan dafür habe.

**M.K.:** Welches ist das?

**J. Stüttgen:** Das ist eben das Wahrnehmungsorgan für die Würde. Es ist ein seelisches Organ, das der Mensch mit auf die Welt bringt und das er oder andere sehr leicht zerstören können.

An unserem heutigen aktuellen Zustand nehme ich den Verlust dieses Organs wahr. Ich nehme sogar den vollkommenen Mangel an diesem Organ zur Kenntnis. Auf der anderen Seite spüre ich in mir selber aber durchaus dieses Organ. Und ich bin nicht bereit, das nur als subjektive Vorliebe von mir anzusehen, sondern ich sehe ganz genau, daß das eine Bedingung des Menschenwesens ist.

**M.K.:** Ist das altersabhängig? Sind Kinder da noch mehr im reinen, also noch im Besitz dieses Organs, und ist der Verlust dann abhängig vom Erwachsenwerden?

**J. Stüttgen:** Ich möchte da keine Formel aufstellen. Eines steht für mich fest: Es existiert ein tiefer innerer Zusammenhang. Man bringt als Kind etwas mit, was man auch wieder verliert – ja, verlieren muß, um es sich auf einer höheren Bewußtseinsebene wieder zu erarbeiten.

Aber man verliert es nicht völlig, weil es etwas mit der Ichheit zu tun hat. Wenn ich mir selber treu bleibe, wenn ich meine Treue zu mir und auch meine eigene Würde respektiere, dann geht es mir nicht völlig verloren; wohl aber muß ich es mir neu erarbeiten. Aber irgendeine Art von silbernem Kontinuum in mir selber – das bleibt mir durchaus erhalten.

Und wenn das nicht mehr der Fall ist – wie es sich bei vielen Menschen zeigt –, dann sind das Menschen, denen ich dabei helfen muß, an diesen Punkt zurückzukommen, sozusagen an den Punkt ihrer Identität.

**M.K.:** Du als Künstler? Oder sollte das jeder Mensch tun?

**J. Stüttgen:** Das gilt für jeden Menschen. Daraus ergibt sich im übrigen der Satz, daß jeder Mensch auch Künstler ist. Denn eigentlich ist die Beschreibung dieser Zusammenhänge auch eine Beschreibung der Kunst.

**M.K.:** Das klingt wie eine moderne Variation des Christuswortes: *„Liebe deinen Nächsten wie dich selbst."* Oder ist das unpassend?

**J. Stüttgen:** Nein, dieses Wort paßt immer. Worüber ich die ganze Zeit rede, ist ohnehin Christus. Ich habe das bislang nur noch nicht ausgesprochen.

### Kunst ist der Zustand der Würde

**M.K.:** Kannst du bitte etwas genauer auf den Satz deines Lehrers Joseph Beuys: *„Jeder Mensch ist ein Künstler"* eingehen?

**J. Stüttgen:** Diese Äußerung von Beuys hat bereits ihre Tradition. Man findet sie zumindest inhaltlich bei Schiller, im deutschen Idealis-

Joseph Beuys

© OTRS   Ronald Feldman Fine Arts

mus, aber sie reicht ja viel tiefer – bis hin zu Meister Eckhart[2] und noch weiter zurück. Dieser Satz ist ja eigentlich die Beschreibung des Menschen in seiner ureigenen Würde. Letztlich läuft dies auf die Beschreibung oder die Bestimmung des Künstlerischen hinaus. Mit anderen Worten: Wenn man den Begriff der Würde entsprechend genau beschreibt, läuft diese Beschreibung auf die Beschreibung des Künstlers hinaus. Kunst ist der Zustand der Würde.

Wenn ich einen Gegenstand oder meine Biographie in den Zustand der Kunst bringe oder die Gesellschaft in den Zustand der Kunst bringe, dann erhebe ich alles in den Zustand der Würde. Man könnte auch sagen: ich bringe es in den Zustand seiner Bestimmung. Das ist im Grunde dasselbe. Alle diese Zustände sind wiederum Zustände des Freiheitswesens.

**M.K.:** Das klingt nach Grenzenlosigkeit, denn damit ist ja alles möglich und unbegrenzt.

**J. Stüttgen:** Nein, denn es gibt die Grenzen, die die Freiheit selber setzt. Das sind die Grenzen, die man in der Kunst die Form nennt.

Jede Form ist eine Grenze, und die Grenzen, die die Kunst setzt, sind die Formen, die stimmen. Grenzenlosigkeit ist demnach Unsinn. Denn gerade die Begrenzung von etwas ist ja dessen Würde.

Ansonsten wäre ja dieses Etwas ununterscheidbar von anderen.

**M.K.:** Und wie unterscheide ich nun, ob die Formen stimmen oder nicht stimmen?

**J. Stüttgen:** Ja, das ist eine Frage, die man so flott und auf die Schnelle nicht beantworten kann, sondern das ist die eigentliche Geheimnisfrage. Doch diese Frage, gerade weil man sie nicht so schnell beantworten kann, muß man als Aufgabe im Zentrum seiner eigenen Bestrebungen haben. Man muß letztlich immer wissen, daß das die Frage ist, die man noch beantworten muß: Wie mache ich das, wie be-

---

2   Meister Eckhart: * um 1260 in Hochheim oder in Tambach; † vor dem 30. April 1328 in Avignon; spätmittelalterlicher Theologe und Philosoph, der sich dafür einsetzte, daß eine bedingungslose spirituelle Lebenspraxis im Alltag eines jeden Menschen praktiziert werden sollte. Er wurde aufgrund seiner kirchenkritischen Schriften als Häretiker angeklagt und schließlich freigesprochen. Einige seiner Schriften wurden in diesem Zusammenhang vom Papst verboten.

stimme ich die richtige Form? Und dieses *Wie* lerne ich vom konkreten Fall zum konkreten Fall immer wieder aufs neue von vorne. Und es läßt sich deshalb auch keine dogmatische Regel ableiten.

Insofern ist das, was ich sage, auch nicht systemkonform.

### Moral wird benutzt, um es sich bequem zu machen

**M.K.:** Würde klingt ja immer auch danach, daß ich mich moralisch richtig verhalte.

**J. Stüttgen:** So kann man das auch verstehen, doch dann muß man zuvor klären, was Moral ist. Denn das, was im allgemeinen unter Moral verstanden wird, ist ja oft geradezu das Gegenteil. Was man unter moralisch verstehen will, ist ja sehr oft der Versuch, etwas von der Erkenntnisseite wegzubringen. Moral wird gerne dann benutzt, wenn man nicht an die Erkenntnis heranwill.

**M.K.:** Indem man den Menschen mit Gesetzen bevormundet und ihm die Eigenverantwortung nimmt? Mir fällt das Beispiel des Nichtrauchergesetzes ein. Man muß nicht mehr achtsam sein – alles Notwendige regelt jetzt das Gesetz und schreibt einem vor, wo man rauchen darf und wo nicht. Meine Wahrnehmung, meine Achtsamkeit muß ich also nicht mehr schulen. Meinst du das ungefähr so?

**J. Stüttgen:** Ja. Dennoch kann man hinzufügen, daß Gesetze natürlich notwendig sind. Doch sie sind nur dann würdig, wenn wir sie selber hervorbringen. Wir sind ja gerade dazu aufgerufen, eine neue Rechtsregelung der Gesellschaft zu erzeugen. Nichts anderes ist ja der Versuch der *Direkten Demokratie*. Damit ist das Instrument der Volksabstimmung gemeint. Das bedeutet schließlich, daß das die Rechte hervorbringende Organ wir selber sind, der Vorgang von uns ausgeht und wir dieses Instrument benutzen und bestimmen müssen.

**M.K.:** Aber wir haben doch unsere Repräsentanten der Demokratie demokratisch gewählt, weil sich das Instrument der Volksabstimmung nicht so einfach handhaben läßt. Wir setzen doch unsere Volksvertreter ein, damit diese gewichtige Entscheidungen treffen.

**J. Stüttgen:** Das ist ja in Ordnung. Das können wir ja tun. Doch wir stellen immer wieder fest, daß es ohne die direkte demokratische Möglichkeit nicht mehr funktioniert. Das heißt, wir stellen fest, daß unser System einen Punkt erreicht hat, an dem seine Basis zerbröckelt. Das Wählen von Repräsentanten hat nur dann einen Sinn, wenn es auf dem Hintergrund unseres Demokratiebegriffs geschieht, der seinerseits in der direkten Demokratie begründet werden muß.

Wenn ich darauf verzichte, verliert das Wählen oder auch Berufen von Repräsentanten seine Bestimmung, also seine Würde, und aus diesem Grund sind die Wahlkämpfe so würdelos.

Jeder Zeitgenosse erlebt doch diese Würdelosigkeit. Und darin liegt wiederum die Ursache mitbegründet, warum es so viele Nichtwähler gibt. Einerseits bekommen natürlich nicht alle diese Würdelosigkeit mit, da sie das nicht mit Bewußtsein wahrnehmen; aber sie spüren es, bekommen unbewußt mit, daß hinten und vorne irgend etwas nicht stimmt. Andererseits spüren sie aber auch unbewußt irgendwo, was richtig, was stimmig ist.

Jeder aber, der sich das bewußtmacht, muß doch bestätigen: Diese Volksvertreter sind in Wirklichkeit gar keine Volksvertreter. Sie sind die Vertreter der Parteien und deren Machtinteressen, dahinter steht – als globaler Egoismus – der Kapitalismus. Hier sind wir wieder an dem Punkt, daß die Würde, so wie sie im Grundgesetz steht, zur Phrase verkommen ist. Und diese Phrasenhaftigkeit bekommt heute fast jeder spürbar mit. Doch derjenige weiß noch nicht genau, wie er sich dazu verhalten soll. Vielleicht, weil er noch keine Kriterien hat. Also muß er versuchen, für sich Kriterien herauszuarbeiten, also Bewußtseinsarbeit betreiben, um das, was er spürt, nun auch zu begreifen.

Hier hat man ja ein schönes Beispiel dafür, daß sich Begriffe im Menschen anmelden, in der Form, daß sie sich spürbar machen und daß man deswegen auch verpflichtet ist, ihnen auf die Spur zu kommen – um sie zu begreifen. Das heißt kurz und knapp: Wir müssen die nicht begriffenen Begriffe überhaupt erst begreifen.

**M.K.:** Wie kann man den Menschen dabei helfen?

**J. Stüttgen:** Indem man ununterbrochen genau das immer wieder thematisiert und indem man im konkreten Fall hilft und auch sich selber helfen läßt, wenn man nicht weiterkommt. Es ergibt sich daraus die Idee der *Sozialen Aktion*, der *Sozialen Plastik*, bei der man sich gegenseitig an diesen Punkten auf die Spur bringen kann.

Nehmen wir einmal dieses Gespräch, das wir momentan führen. Das hat ja bereits diesen Charakter. Du stellst eine Frage, stellst eine These auf, und ich versuche, diese These aus meiner Sicht zu betrachten, und mache dich aufmerksam auf Dinge, die du vielleicht in der These oder der Frage nicht berücksichtigt hast. Und umgekehrt: Aus meiner Antwort heraus stellst du eine neue Frage, so daß wir uns gegenseitig nach und nach auf den Begriff zu bringen versuchen.

## Die Fettecke von Beuys hat Bewußtsein hervorgerufen

**M.K.:** Nehmen wir die Kunst: Wenn Beuys eine Fettecke gestaltet und sagt, daß das Kunst ist, ist es dann Kunst kraft dieser Behauptung?

Joseph Beuys, Fettecke

© OTRS Michael Jansen

**J. Stüttgen:** Die Behauptung nutzt allerdings nichts, wenn es keine Kunst ist. Das Interessante bei diesen Fettekken ist ja gewesen, daß durch diese Behauptung, diese These, daß die Fettecke ein Kunstwerk ist, etwas ausgelöst worden ist. Man muß genauer sagen: Nicht er, sondern die Fettecke hat es ausgelöst. Nämlich eine Diskussion, die längst nicht jedes beliebige Ding hätte auslösen können, sondern die Fettecke hat es ausgelöst, und man muß sich fragen, warum ausgerechnet die Fettecke es auslösen konnte. Sie konnte es deswegen auslösen, weil sie genau diesen Charakter hatte.

**M.K.:** Provokationspotential?

**J. Stüttgen:** Ja, das Wort *provocare* bedeutet *hervorrufen*. Und man kann fragen, von wo etwas hervorgerufen wird. Die Antwort ist: Aus der Tiefe, aus einer verdeckten Tiefe wird das hervorgerufen. Und das nennt man Provokation.

Das heißt, das menschliche Bewußtsein wird hervorgerufen und damit auf etwas gestoßen, das es bis dahin nicht beachtet hat. Es ist aber davon betroffen, denn sonst würde es sich nicht provozieren lassen.

**M.K.:** Manche fordern, daß Kunst nicht provozieren, sondern gefallen soll.

**J. Stüttgen:** Ja gut, aber das interessiert mich nicht. Wenn ich über die Kunst rede, rede ich ja gerade nicht darüber, was gefällig ist. Im Gegenteil, ich plädiere ja dafür, alle die sogenannten Gefälligkeiten zu hinterfragen und auf ihren Gewohnheits – und Kitschcharakter hin neu zu überprüfen. Die ganze Kultur unserer bundesrepublikanischen Wirklichkeit ist ja dabei, zu verkitschen – zumindest in bezug auf diese Frage.

**M.K.:** Aus dem Bauch heraus stimme ich dir zu, ich empfinde das auch so – egal ob Theater, Literatur, bildende Kunst, Musik, alles verflacht mehr und mehr. Aber wieso maßen wir uns an, das überhaupt zu beurteilen? Woher nehmen wir dieses Urteil?

**J. Stüttgen:** Das Urteil nehmen wir aus unserer Urteilsfähigkeit. Natürlich kann man diese Frage nach dem Woher stellen, aber indem wir diese Frage stellen, sind wir bereits mitten in der Überprüfung. In-Frage-Stellen bedingt ja wiederum, etwas zu begründen. Ich muß ja begründen, warum ich etwas in Frage stelle. Also ich muß selber wieder Gründe ins Spiel bringen und neu beurteilen. Das geschieht bei jedem Erkenntnisvorgang auf diese Weise.

### Ich habe die Pflicht, Behauptungen zu belegen

**M.K.:** Dennoch könnte man dem entgegenhalten, daß es als arrogante Anmaßung aufgefaßt werden könnte, wenn sich z.B. jemand Mühe gibt, etwas zu malen, und du sagst dann, das sei Kitsch.

**J. Stüttgen:** Das muß ich dann natürlich belegen. Wenn ich etwas als Kitsch bezeichne, dann bin ich auch den Nachweis schuldig.

**M.K.:** Hätte Kitsch nach deiner These nicht auch eine Würde?

**J. Stüttgen:** Ja, aber das ist jetzt eine andere Ebene der Diskussion. Das, was du damit ins Spiel bringst, hat in der Kunstgeschichte ja längst schon stattgefunden, beispielsweise in der Pop-Art, wo das Phänomen des Kitsches in eine besondere Form hineingehoben wird, in eine Be

© PD National Archives and Records Administration

Andy Warhol (Ausschnitt)

wußtseinsform, in der es dann auch kein Kitsch mehr ist. Kitsch ist das Gegenteil einer Bewußtseinsform. Kitsch ist immer eine Art Selbstbetrug. Kitsch ist immer ein Ausschneiden von Kriterien, die aber wesentlich sind. Kitsch ist immer das, was sich selbst etwas vormacht.

**M.K.:** Stichwort Pop-Art. Man denkt sofort an die kitschige Darstellung von Marilyn Monroe in vier verschiedenen Farbvariationen durch Andy Warhol.

**J. Stüttgen:** Das kann ich so nicht hundertprozentig bestätigen. Die Darstellung oder die Auswahl bzw. die

Inbegriff des deutschen Kitsches: der Gartenzwerg

Variation der Fotografie von Monroe ist ja keine Verkitschung. Nein, was man sagen könnte, ist: Der Umgang mit den Idolen, so wie sie uns von den Medien präsentiert werden, verwischt den Menschen, der dahintersteht. Übrig bleibt nur eine Art Klischee. Und damit ist es verkitscht. Andy Warhol neutralisiert ja gerade diese Verkitschungsvorgänge durch seinen radikalen Zugriff; man könnte sagen, er hebt sie auf.

Das, was ich dazu jetzt gesagt habe, ist aber nur ein Erklärungsansatz, so leicht ist das nicht, aber da du dieses Thema angesprochen hast, mußte ich auch darauf eingehen.

**M.K.:** Unser Interview soll ja, so wie du es vorhin schon gesagt hast, im Sinne der *Sozialen Plastik* Fragen aufwerfen und Antworten suchen.

**J. Stüttgen:** Immer unter der Voraussetzung, daß wir beide, die wir miteinander sprechen, mit dem Ziel, daß dieses Gespräch publiziert wird, genau wissen, worauf wir uns einlassen. Und dabei sehr streng aufpassen, daß uns dabei keine Schlamperei unterläuft. Und daß wir gegenseitig versuchen, uns ganz genau zu betrachten.

**M.K.:** Was wäre eine Schlamperei in einem Gespräch für dich?

**J. Stüttgen:** Wenn du z.B. etwas fragst oder sagst und ich nur „Ja, ja" antworten, nicht aber untersuchen würde, was du da gesagt hast. Eine Schlamperei wäre es auch, wenn ich eine Schlamperei des Gesprächspartners oder der Gesprächspartnerin einfach stillschweigend überginge.

### Kommunikation ohne Würde ist unmöglich

**M.K.:** Eines der letzten FLENSBURGER HEFTE trug den Titel *Kommunikation*. Um zur Kommunikation zu gelangen, im Sinne des Miteinander-Teilens, kann ich mir diese Schlampereien ohnehin nicht erlauben.

**J. Stüttgen:** Man muß sich ja gegenseitig und auch der Sache, um die es geht, eine gewissen Würde entgegenbringen.

Denkbar ist ja, daß ich den anderen, meinen Gesprächspartner, in seiner Würde respektiere und gleichzeitig alles durchgehen lasse, was der andere nicht genügend untersucht vorträgt. Es gibt ja in Gesprächen diese Vorgänge, bei denen ich versuche, den anderen zu schonen, ihn in Wirklichkeit damit aber sogar in seiner Würde verletze.

Wir sind damit an einem wichtigen Punkt unseres gemeinschaftlichen Zusammenlebens: Nämlich, daß wir nicht versuchen, uns gegenseitig an der Oberfläche zu halten, aus dem Grund, weil wir vielleicht Gefahr laufen würden, vielleicht in eine wirklich substantielle Auseinandersetzung hineinzukommen, bei der eventuell nicht mehr allzuviel von uns selber übrigbleibt; außer unserer Würde.

**M.K.:** Das scheint mir ein Dilemma zu sein. Denn wir müssen uns demnach zum großen Teil in Frage stellen oder aufgeben, und damit sind ja auch die Ideale, die Gedanken die wir verteidigen wollen, so gut wie nicht mehr vorhanden. Wie soll man dann ein Ergebnis erzielen?

**J. Stüttgen:** Ja, das ist ein Dilemma – eine Teufelei –, aber wir müssen es beim Namen nennen, wir müssen lernen, es zu durchschauen, um dem Teufel entsprechend entgegentreten zu können.

**M.K.:** Sind wir damit nicht – um das Bild zu gebrauchen – in einer Löwengrube angelangt, in der wir permanent damit beschäftigt sind, die Löwen in Schach zu halten, anstatt uns um das Wesentliche kümmern zu können?

**J. Stüttgen:** Die Bilder werden immer komplexer! Und da kann ich nur etwas ganz Einfaches entgegenbringen: Notwendig ist hier Gottvertrauen.

**M.K.:** Ich bleibe einmal bei dem Bild mit den Löwen bzw. den Raubtieren. Das Thema Würde und Gottvertrauen wird von Schiller [Bild siehe Seite 34] in seiner Ballade *Der Handschuh* charakterisiert. Der Held oder Antiheld holt darin seiner Dame unter Lebensgefahr den Handschuh aus der Mitte der Raubkatzen, verläßt die Angebetete aber nach gelöster Aufgabe, weil sie es war, die ihn bewußt in die Gefahr getrieben hat. Hätte er sich der Gefahr jedoch nicht gestellt, hätte er sich zum Gespött aller gemacht, also seine Würde eingebüßt.

**J. Stüttgen:** Man könnte hier ja den Blick auf die Tiere lenken und ihnen die Rolle zuweisen, daß sie es sind, die die Würde verkörpern und ein Gespür für die Würde des Menschen haben, sofern er deren Würde respektiert.

Ich meine, daß damit ein Grundverhältnis zum Ausdruck gebracht wird, bei dessen Bearbeitung wir noch in den Kinderschuhen stecken.

Naturvölker haben viele Dinge in solcher Hinsicht bereits viel besser beherrscht als wir.

## Wir müssen einen neuen Proportions-Sinn entwickeln

**M.K.:** Kann man das mit dem Begriff Gleichgewicht beschreiben? Gleichgewicht des Menschen mit sich, mit der Natur?

**J. Stüttgen:** Gleichgewicht – Balance? Ja, es läuft wahrscheinlich für uns Menschen darauf hinaus, daß wir uns nochmals mit der Proportionslehre auseinandersetzen müßten, und zwar so, wie sie die großen Baumeister der Kathedralen noch beherrscht haben. Wir müssen sozusagen heute einen neuen Proportions-Sinn in uns entwickeln, einen, der sich dann auf die Pflanzen, auf die Tiere, also auf all das erstreckt. Vielleicht reicht es ja, zu Anfang die Idee zu nennen, auch wenn man sie in ihrer konkreten Ausformung noch nicht entwickelt hat.

Rudolf Steiner (Ausschnitt)

©gemeinfrei; aus Wolfgang G. Vögele, Der andere R. Steiner

**M.K.:** Rudolf Steiner bedient sich ja des Bildes vom Dreieck, das es in der Natur nicht gibt.[3] Wir selbst sind es, die dieses Bild in uns entwickeln, obwohl oder gerade weil es im Außen nicht vorhanden ist.

**J. Stüttgen:** Das ist ein gutes Beispiel, um zu beweisen, daß etwas nicht subjektiv ist, obwohl ich es in mir finden kann. Wie ich zu Beginn sagte oder meinte: Je tiefer ich in mich hineinarbeite, desto weniger hat es mit Subjektivität zu tun. Genau an der Stelle kommt das Göttliche zum Tragen, jenseits von subjektiv und objektiv, dieser dritte Zustand, von dem ich gesprochen habe.

Philosophisch ist es das, womit die Descartessche[4] neuzeitliche Bestimmung der Erkenntnis auf eine höhere Formstufe gebracht worden wäre. Descartes' *cogito ergo sum – ich denke, also bin ich –* ist bereits

---

3    Vgl.: Rudolf Steiner, GA 239, *Allgemeine Menschenkunde als Grundlage der Pädagogik* – Dritter Vortrag. Steiner beschreibt im letzten Viertel des Vortrags den Zusammenhang von Geometrie und dem aufrechten Gang. Dadurch, daß wir Menschen aufrecht gehen, ist es uns möglich, die Vorstellung von einem Dreieck zu entwickeln; wir haben also den Sinn dafür ausgebildet.

4    René Descartes, * 31. März 1596 in La Haye en Touraine; † 11. Februar 1650 in Stockholm, war ein französischer Philosoph, Mathematiker und Naturwissenschaftler. Descartes gilt als der Begründer des modernen frühneuzeitlichen Rationalismus.

ein guter Ansatz [Bild siehe Seite 29], doch muß ich heutzutage überprüfen, was diese *cogito* ist. Das ist inzwischen mehr als das, was damals darunter verstanden wurde. Es ist viel umfassender als das, was zum Beginn der Neuzeit als *ratio* erkannt worden ist. Wir sind ja heute an dem Punkt, an dem wir lernen zu erleben, daß die Ratio nicht die vollständige Beschreibung des Denkens ist – sondern nur der eine Teil, der tote Teil. Wenn man nämlich ausschließlich das Analytische als Beschreibung des Denkens heranzieht und das dann noch mit dem Triebhaften ergänzt, dann gerät man genau in den Zustand, der für unsere Welt heutzutage ausschlaggebend ist.

Diesen Zustand haben wir sogar offenbar eine Zeitlang erstrebt, aber er hält nicht mehr vor, er ist am Ende, erschöpft. Der Materialismus und der Kapitalismus – als Beschreibungen dieses Zustandes – sind restlos erschöpft.

**M.K.:** In sprachlicher Hinsicht finde ich das jetzt interessant. Du hast vorhin von *creator* – dem Schöpfer – gesprochen. *Creare* bedeutet *erschaffen, schöpfen* und in zweiter Hinsicht auch *wählen*. Nun verwendest du das Wort *erschöpft* oder *Erschöpfung* …

**J. Stüttgen:** … genau, das hängt zusammen. Wir haben diesen Sack ausgeschöpft, und nun müssen wir ganz neu beginnen.

**M.K.:** Spielt in diesem Zusammenhang die Würde die Rolle, uns zueinander, also zu den Dingen zu bringen?

**J. Stüttgen:** Man kann auch umgekehrt sagen: was die Dinge uns entgegenbringen, wenn ich mich öffne. Wenn man so will, ist das eine Kommunikationsform, die sich eben nicht darin erschöpft, daß ich sage: „Ich bestimme dies und das" oder „Ich lasse mich von diesem und jenem bestimmen", sondern durch die ich diese beiden Formen auf einer höheren Ebene zur *communio*, zur Kommunikation bringe.

### Der Kunstbegriff ist inzwischen erschöpft

**M.K.:** Ist die Kunst ebenfalls erschöpft?

**J. Stüttgen:** Natürlich, das wissen wir doch: Das, was heute so im allgemeinen unter Kunst läuft – der herrschende Kunstbegriff –, ist völlig erschöpft. Dieser Begriff ist am Ende! Deswegen spricht Joseph Beuys ja auch von einem erweiterten Kunstbegriff. Man könnte heute von einen neubestimmten Kunstbegriff sprechen, der auf der Höhe unserer gegenwärtigen Bewußtseinsform in Erscheinung tritt.

**M.K.:** Viele zeitgenössische Künstler sagen nun immer wieder, zur Kunst gehören bestimmte Begabungen und bestimmte handwerkliche Fähigkeiten. Dann kann ja nicht jeder ein Künstler sein.

Leonardo da Vinci (Ausschnitt)

© gemeinfrei: Luigi Pampaloni

**J. Stüttgen:** Dann spricht man auch nicht mehr vom Künstler, sondern den nennt man dann Handwerker. Handwerkliche Fähigkeiten sind im Handwerk immer erforderlich.

**M.K.:** Damit ist die Kunst aber zum Handwerk herabgewürdigt.

**J. Stüttgen:** Ja und nein. Die Frage ist, was die Kunst mit dem Handwerk zu tun hat. Das ist alles nicht so einfach zu beantworten. Ich sprach schon von den Kathedralenbaumeistern. Damals hatte man noch diese Einheit von Kunst und Handwerk. Das hat sich dann nach und nach verändert. Die großen Errungenschaften sind ja technischer Art – das, was in der griechischen Antike noch ein und dasselbe war und mit dem Wort *techné* bezeichnet wurde. Spätestens seit Leonardo da Vinci hat sich das auseinanderentwickelt, so daß wir es heute mit diesen beiden extremen, voneinander abweichenden Zuständen zu tun haben. Bei der Technik müssen wir fragen, wozu wir die überhaupt brauchen. Technik ist nützlich. Eigentlich müßte man bei dem, was nützlich ist, fragen, wofür es gebraucht wird. Und dann weiterführend, worauf das Ganze hinausläuft. Die Technik führt immer mehr zur Zerstörung, wenn sie sich weiter in dieser Hemmungslosigkeit breitmacht.

Auf der anderen Seite kann man fragen, welche Rolle die Kunst spielt. Und wir werden feststellen, daß wir beim Bestimmen dieser Frage, dieser Begriffe inzwischen an ein Ende gekommen sind.

### Wenn ich den Begriff Bildung höre, fange ich an zu würgen

**M.K.:** Was verstehst du unter Bildung?

**J. Stüttgen:** Wenn ich den Begriff Bildung höre, fange ich schon wieder an zu würgen. Der Begriff Bildung ist ja bereits dermaßen abgewetzt und abgegriffen und wird derartig mißbraucht, z.B. von unserer heutigen Politik. Heutzutage ist Bildung doch nichts anderes, als darin fähig gemacht zu werden, sich in die herrschenden Bedingungen funktionierend einzubinden. Das ist doch fürchterlich. Bildung ist zum Kitschbegriff verkommen. Da wird dann von Goethe und Schiller rumgelabert, aber das steht in keiner ernstzunehmenden Beziehung mehr zur Realität des Alltags.

**M.K.:** Was also ist Bildung?

**J. Stüttgen:** Bildung ist alles. Ich kann alles bilden, und ich werde gebildet. Aber entscheidend ist die Frage: Welches Bild habe ich denn? Solange ich überhaupt kein Bild vom Menschen habe und schon gar kein Bild von der Bestimmung, also von der Würde des Menschen, wie soll ich denn dann von Bildung reden? Dabei kommt nur Kitsch heraus.

**M.K.** Wir haben nun einen riesigen Bogen geschlagen, ausgehend von der Würde über die Schöpfung, Verantwortung, Freiheit, Kommunikation, Kunst, Technik zur Bildung, und irgendwie hängt das alles zusammen. Angesichts dieser Komplexität läßt sich das Thema auch nicht auf eine Formel, auf den Punkt bringen.

**J. Stüttgen:** Man kann es zwischenzeitlich immer wieder mal auf eine Formel bringen, wie z.B. mit dem Satz *„Jeder Mensch ist Künstler"*. Das ist ja auch eine Formel. Aber dadurch habe ich dann etwas festgehalten, das ich anfangen muß zu untersuchen. Formeln, wenn sie Gültigkeit haben, sind ja oft geniale Formulierungen, um die Sachen auf das Wesentliche zu bringen. Aber wichtig ist: die Formel reicht nicht. Daran kann man nicht hängenbleiben. Wer das tut, wird damit zum Rhetoriker oder zum Kitschier.

**M.K.:** Du hast vorhin sinngemäß gesagt, daß wir immer in einem Spannungsverhältnis stehen, zwischen Kitsch und Kunst z.B. Und wir haben uns irgendwo dazwischen oder auf einer Seite zu positionieren. Angenommen, ich tue das nun nicht – wenn ich also meiner eigenen Seinsbestimmung, meiner eigenen Würde nicht nachkomme, weil mich das überhaupt nicht interessiert –, welchen Weg kann ich dann überhaupt noch gehen?

**J. Stüttgen:** Dann brauchst du meine Hilfe!

**M.K.:** Das klingt, als wärst du ein Therapeut, der mir therapeutische Hilfe anbietet.

**J. Stüttgen:** Jede Hilfe ist therapeutisch.

Da wir miteinander zusammenhängen und zur gleichen Zeit gemeinsam auf dieser Erde leben, brauchen wir uns gegenseitig zur Hilfe. Das ist doch klar. Hilfe ist immer Therapie, weil sie das Gegenteil der Einseitigkeit ist, der man selber leicht anhaften kann.

**M.K.:** Menschen führen einen Krieg nach dem anderen, lösen eine Krise nach der anderen aus. Sind sie alle dumm oder nur hilfsbedürftig?

**J. Stüttgen:** Man kann nicht sagen, daß die alle dumm sind. Aber man kann sagen, daß vielen in der heutigen Zeit eine Art von Integral fehlt. Und daß wir uns gegenseitig dabei helfen müssen, dieses Integral neu auszuformulieren oder in die Wahrnehmung zu bringen. Wenn wir bemerken, daß dieses Integral fehlt, das ja früher einmal gottgegeben war – als eine Art von Vitalimpuls, ein Christusimpuls –, dann ist das schon viel wert. Denn dann wissen wir, worauf wir uns konzentrieren müssen: auf die Bildung eines Integrals – eines inneren Zusammenhangs. Damit sind wir wieder bei dem, was Joseph Beuys die *Soziale Plastik* nennt. Damit hätten wir eine ganz konkrete Aufgabenstellung vor uns.

Also kann man nicht pauschal sagen, daß die Menschen dumm sind, auch wenn es in vielfacher Hinsicht trotzdem stimmt. Jetzt muß man aber nach den Gründen dieser Dummheit fragen. So wie Beuys einmal gesagt hat: „Ich bin auf der Suche nach dem Dümmsten." Das ist ja auch schon wieder so eine Formel. Eine märchenhafte Formel, wo der Dümmste am Ende immer der ist, der den Schlüssel in der Hand hat. Oder derjenige ist, der mit den Tieren spricht.

Wir haben ja eine Fülle von Hinweisen an der Hand, die uns der Sache schon näherbringen; wir müssen uns gegenseitig nur wachrütteln, uns wecken. Dummheit ist als Begriff ambivalent. Wenn ich sage: „Ich bin auf der Suche nach dem Dümmsten", dann meine ich ja die in uns verborgene Klugheit.

## Unsere Gesellschaft braucht ein neues Herzorgan

**M.K.:** In dem Fall meinst du also mit Klugheit die des Herzens, die Herzenswärme?

**J. Stüttgen:** Richtig. Du bringst jetzt das Herz ins Spiel. Das Herz ist das Zentralorgan. So ähnlich wie im Mittelalter die Kathedralen die Zentralorgane der Gesellschaft waren, so sind wir heute wieder aufgerufen, ein zukünftiges Zentralorgan für unsere Gesellschaft zu entwickeln. Das ist ein Herzorgan. Und um das entwickeln zu können, müssen wir erst einmal wieder eine Wahrnehmung unseres eigenen Herzens erzeugen.

**M.K.:** Wie sehen die heutigen Zentralorgane der Gesellschaft aus?

**J. Stüttgen:** Momentan haben wir kein Zentralorgan. Deswegen sieht ja die Welt so aus, wie sie aussieht – katastrophale Zustände.

Ein Zentralorgan wäre z.B. die „Demokratische Kreditbank". Konkret bedeutet das, daß wir uns auf die Niederungen fundamentaler Fragen einlassen müssen, uns z.B. auf demokratischem Wege der Geldfrage widmen müssen, und daß wir den Zusammenhang des Geldwesens und der Demokratieidee verwirklichen müssen. Denn im Moment wird jeder demokratische Versuch durch die Eigendynamik des Geldes unterspült. Die „Demokratische Kreditbank" als das Zentralorgan – das Herzorgan – der Gesellschaft, an dem jeder grundsätzlich teilhat, mit Bewußtsein teilhat, dieses Organ muß jetzt verwirklicht werden. Wie das im einzelnen aussehen kann, kann man nicht vorwegnehmen. Das wäre zu pauschal. Das muß man eben miteinander gestalten. Vorher muß man dann das Geldwesen beschreiben oder die gegebenen Beschreibungen miteinbeziehen.

Einer, der das Geldwesen auf vorbildliche Weise beschrieben hat, war Wilhelm Schmundt.[5] Das war ein Waldorflehrer in Hannover, der die Frage der „Sozialen Dreigliederung" auf den neuesten Stand der Entwicklung gebracht hat.

**M.K.:** Das geht ja nur, wenn ich mich dafür interessiere. Wie wecke ich denn Interesse für solche Themen? Wenn ich mich nicht für die Dinge interessiere, kann ich sie schließlich auch nicht würdigen.

**J. Stüttgen:** Im Grunde rede ich ja die ganze Zeit davon und damit auch von der Würde. Ich behaupte, der Status quo der Gesellschaft und der Status quo vieler einzelner ist würdelos.

**M.K.:** Mich beunruhigt in dieser Hinsicht aktuell der Umgang mit den Kindern, z.B. die Forderung nach immer mehr Möglichkeiten, sie in Einrichtungen unterzubringen, auch damit die Eltern ihre Karriere verfolgen können, anstatt dafür zu sorgen, daß sich Eltern würdevoll um ihre Kinder kümmern könnten.

**J. Stüttgen:** Das ist eine ganz wesentliche Frage, die nur dann wirklich gültig bearbeitet – also in den Zustand der Kunst hineinversetzt werden kann –, wenn man z.B. wieder lernt, an seine eigene Kindheit anzuknüpfen; wenn man lernt, den Begriff Kind neu zu ergreifen. Sonst wird das nicht funktionieren. Mit irgendwelchen äußeren Theorien kommen wir da nicht weiter. Die Frage ist auch, ob der Zustand unserer Wissenschaft überhaupt in der Lage ist, das zu leisten, was ich sage. Ich glaube, daß jeder Mensch bei diesen Fragen bei sich selbst anfangen muß, und wenn er das nicht tut, werden wir keinen weiterführenden Zustand erreichen. Denn das Kind sind wir ja alle gewesen. Das ist ein Erfahrungsbereich, der jedem von uns zur Verfügung steht; nur ist er bei den meisten Menschen verdeckt. Das wäre insofern ein konkreter Ansatzpunkt, um die Möglichkeit einer neuen Form zu erörtern. Davon kann man sich nicht selbst ausblenden.

---

5    Wilhelm Schmundt: * 10.1.1898 in Metz/Lothringen, † 23.4.1992 in Hannover: Deutscher Unternehmer, Ingenieur, Sozialwissenschaftler, Waldorflehrer und Anthroposoph.

**M.K.:** An welchem Punkt sollten wir beginnen, uns auseinander-zusetzen?

**J. Stüttgen:** Ich möchte diesem Gespräch seine Würde lassen, indem ich es für sich sprechen lasse, aber gleichzeitig auch Raum lasse für all die Lücken, die es aufgeworfen hat.

# Autoren und Interviewer

**Andreas Laudert**, geb. 1969 in Bingen, studierte von 1996-2000 Szenisches Schreiben an der Hochschule der Künste Berlin und am Priesterseminar der Christengemeinschaft. Tätigkeit in der anthroposophischen Heilpädagogik und als Deutschlehrer. Mehrere Veröffentlichungen und Theaterstücke, zuletzt an den Sophiensälen Berlin und am Landestheater Tübingen. 2005 erschien im Pforte Verlag der Essay „Würde".

**Matthias Klaußner,** geb. 1969 in Hagen, lebt mit Familie in Leipzig. Vater von drei Kindern, eine Tochter gehörlos. Schauspieler, Kulturwissenschaftler, Lehrer für Musik und Deutsch sowie Waldorfpädagoge. Langjährige Tätigkeit als Klassenlehrer an der Freien Waldorfschule Leipzig.

**Peter Krause** studierte Kunst, Pädagogik, Theologie und Betriebswirtschaft. Als Journalist und Buchautor beschäftigt er sich vor allem mit ökologisch sinnvoller Wirtschaft und dem medizinischen Leistungsbereich. Außerdem schreibt er für verschiedene Zeitschriften und ist Redakteur eines Pflegemagazins. Er lebt und arbeitet in Herdecke und Mitchell-Bay (Kanada). www.aktiv-zukunft-leben.de

**Johannes Michael Wagner,** geb. 1985, ist Schriftsteller, Wissenschaftler und Politiker mit Wohnsitz in Bremen, wo er an seiner Dissertation über Demokratische Schulen arbeitet. Hauptberuflich ist der examinierte Gymnasiallehrer zur Zeit Mitarbeiter einer Abgeordneten im Schleswig-Holsteinischen Landtag, nebenher arbeitet er in verschiedenen freien Projekten, u.a. als Lehrer, Journalist, Lektor und Publizist

**Jan Temmel** ist Mediengestalter und vielfältig für eine gute Welt der Zukunft engagiert. Er gehört zu den Koordinatoren von fairventure und zu den Gründern vom fairzweigt-Verbund. Seine Gedanken, Fotografien und Erfahrungen veröffentlicht er in einem eigenen Blog.

**Wolfgang Weirauch,** geb. 1953 in Flensburg, Studium der Politik und Germanistik. Studium der Theologie an der Freien Hochschule der Christengemeinschaft. Herausgeber der Flensburger Hefte, Politiklehrer, Vortragsredner, Mitarbeiter beim Fernstudium WaldorfPädagogik Jena.

---

### Die Titelbildgestalterin

**Veronika Emendörfer / VER☺,** geb. 1957 in Stuttgart, Studium der Aquarellmalerei in Regensburg. Seit 2000 freischaffende Künstlerin in Darmstadt mit eigenem Atelier. Mitglied im Berufsverband Bildender Künstler (BBK, Frankfurt/Main). Seit 1982 regelmässig Ausstellungen in privaten und städtischen Galerien. Gestaltung von Buchtiteln, Kunstkarten und Kalendern. Aquarellkurse bei der VHS Darmstadt. www.veronika-emendoerfer.de